PRATICIDADE FISCAL NAS PRESUNÇÕES TRIBUTÁRIAS

CIP-BRASIL. CATALOGAÇÃO NA PUBLICAÇÃO
SINDICATO NACIONAL DOS EDITORES DE LIVROS, RJ

R577p
2. ed.

Rocha, Thiago Maia Nobre
Praticidade fiscal nas presunções tributárias / Thiago Maia Nobre Rocha. - [2. ed.] - São Paulo : Noeses, 2021.

156 p. ; 23 cm.
ISBN 978-65-89888-13-0

1. Direito tributário - Brasil. 2. Presunções (Direito) - Brasil. I. Título. Camila Donis

21-71966 CDU: 347.946:351.713(81)

Camila Donis Hartmann - Bibliotecária - CRB-7/6472

THIAGO MAIA NOBRE ROCHA

Mestre em Direito pela Universidade Federal de Alagoas – UFAL. Especialista em Direito Tributário pela Pontifícia Universidade Católica de São Paulo – PUC-SP. Professor Titular de Direito Tributário do CESMAC-AL. Advogado

PRATICIDADE FISCAL NAS PRESUNÇÕES TRIBUTÁRIAS

2ª Edição revista e atualizada

2021

editora e livraria

NOESES

Copyright © Editora Noeses 2020
Fundador e Editor-chefe: Paulo de Barros Carvalho
Gerente de Produção Editorial: Rosangela Santos
Arte e Diagramação: Renato Castro
Revisão: Microart
Designer de Capa: Aliá3 - Marcos Duarte

2021

editora e livraria
NOESES

Editora Noeses Ltda.
Tel/fax: 55 11 3666 6055
www.editoranoeses.com.br

"A inteligência, o direito, a religião, são os três poderes legítimos do mundo. Eles representam, cada vez um per si, o eu humano, a sociedade humana, o destino humano, e, associados, as três expressões da humanidade: a sua evolução mental, a sua existência na superfície da terra, o misterioso fim do seu desenvolvimento".

Rui Barbosa Nogueira

AGRADECIMENTOS

A Beth, Mamá e Davi, pedaços de mim, por darem especial significado à minha vida e, assim, representarem verdadeiro estímulo diário para os dias da minha jornada. Aos meus pais Jurandir e Laís, exemplos de dedicação e aos quais agradeço, incansavelmente, pela minha formação pessoal e intelectual. E às minhas irmãs Fabiana e Kika pelo apego e ternura sempre existentes.

Ao Ministro Humberto Martins, jurista de capacidade intelectual acentuada, pela gentil disponibilidade em realizar a leitura e pela honrosa apresentação da presente obra, cujas palavras generosas servem de estímulo e gratidão.

Aos amigos Christian Teixeira e Hermann de Almeida, pela valiosa amizade que me enobrece e cuja envergadura jurídica como profissionais constituem uma fonte de inspiração.

Aos amigos Kleiton Roberto e Marx Anderson, pessoas da mais alta grandeza, pelo precioso apoio e especiais sugestões que permitiram que a presente obra saísse do plano do desejo.

Aos professores Gabriel Ivo, Manoel Cavalcante e Geilson Salomão, pelos ensinamentos e debates que me levaram a refletir mais profundamente sobre o tema.

À Editora Noeses, por acreditar e acolher a presente obra em seu digno e seleto rol de publicações.

APRESENTAÇÃO

Foi com muita alegria que recebi o honroso convite para apresentar a obra *Praticidade fiscal nas presunções tributárias*, escrita por Thiago Maia.

A tributação é atividade fundamental do Estado, na medida em que os recursos necessários para que o Poder Público exerça as suas funções primordiais, garantindo o bem-estar do cidadão brasileiro, decorrem em grande parte da incidência e da cobrança de tributos.

Entretanto, a relação entre os particulares e a autoridade fiscal nem sempre é tranquila, existindo pontos de atrito e discussões sobre a conveniência e a legalidade da imposição tributária.

Conforme discorre o autor, no desenvolvimento de sua obra, o uso cada vez maior de presunções tributárias pela Administração Pública tem por objetivo criar mecanismos mais simples e eficazes para a aplicação da legislação tributária e, da mesma forma, para o aumento de sua arrecadação.

As presunções simplificam o funcionamento do sistema na medida em que, ao admitirem a existência de um fato, concluem pela incidência de outros, permitindo a produção de efeitos dentro de um processo lógico, mas não natural.

O ponto central da obra reside na análise da utilização das presunções em matéria tributária e nos conflitos potencialmente existentes entre o poder estatal de tributar e as garantias individuais dos cidadãos.

Deve-se lembrar que a proteção do indivíduo contra o Poder Estatal representa direito de primeira geração, com origem na revolução francesa.

A praticidade ou a eficiência gerada pela utilização das presunções legais no exercício da tributação estatal pode colidir com a proteção de direitos fundamentais dos contribuintes ou com outras garantias expostas no arcabouço constitucional brasileiro.

Os conflitos existentes entre Justiça Fiscal e Justiça Social são analisados sempre à luz da análise constitucional dos direitos do contribuinte.

No desenvolvimento de suas ideias, o autor faz uma análise detida do caráter normativo das presunções tributárias. Na sequência, analisa a praticidade fiscal, suas finalidades e elementos estruturais. Por fim, discute os limites dados às presunções pela praticidade fiscal, destacando as limitações do poder tributário.

O autor Thiago Maia é um estudioso do Direito Tributário. Mestre em Direito Público pela Universidade Federal de Alagoas e especialista em Direito Tributário pela PUC-SP, Thiago tem sólida carreira acadêmica, ocupando há mais de 17 anos a cadeira de professor titular de Direito Tributário da Cesmac, além de ser professor concursado de Direito Tributário da Universidade Federal de Alagoas. Além de suas atividades acadêmicas, o autor é advogado atuante nessa área do Direito, tendo ocupado cargos importantes na OAB – Seccional Alagoas. Sua atuação acadêmica, somada à sua experiência profissional, o credencia a apresentar ao leitor considerações profundas, técnicas e sempre ligadas ao bom exercício do Direito.

Essa é uma feliz combinação que, certamente, dará aos leitores uma visão técnica do Direito Tributário aliada à autuação prática das discussões judiciais.

Parabéns ao autor por mais esta obra, na certeza de que já nasce com a propensão de se tornar um grande sucesso de crítica!

Festejam os juízes, advogados e demais profissionais que atuam no Direito Tributário a chegada ao mercado de um livro que os ajudará a trabalhar com mais técnica e eficiência.

Boa leitura a todos!

Ministro Humberto Martins

Presidente do Superior Tribunal de Justiça – STJ

PREFÁCIO

Com este livro o autor conquistou o título de mestre em Direito na Universidade Federal de Alagoas. Após horas de arguição, enfrentadas com segurança, a aprovação veio por unanimidade. O tema do trabalho é de bibliografia escassa. A praticidade fiscal nas presunções tributárias e suas limitações pelos direitos dos contribuintes, utilizada pelas unidades federativas, deve ser pautada pelo equilíbrio entre as prerrogativas da administração e os direitos dos administrados. É do entrosamento entre esses dois conceitos que irrompe o modelo juridicamente adequado de atuação do Poder Público.

A Administração Pública deve construir mecanismos normativos que possibilitem a aplicação da legislação tributária de modo mais claro, simples e expedito. As presunções fiscais consistem em uma forma. Todavia, conforme defende o autor, a utilização de meios que tornem a tributação mais eficiente não pode ser promovida sem a necessária confrontação com os valores depositados no texto constitucional. Assim, o trabalho que ora apresento defende enfaticamente e com consistentes argumentos que a utilização das presunções fiscais na busca da praticidade fiscal impõe a observância de limites plasmados na Carta Maior que inibam o seu uso arbitrário e sem cautela.

O tema escolhido por Thiago Maia Nobre Rocha para a sua dissertação de mestrado revela a sua personalidade profissional. Além de professor de Direito Tributário, é advogado atuante nos mais diversos fóruns tributários. Une o que o mestre Lourival Vilanova sempre lembrava: a teoria e a prática, a ciência e a experiência.

O autor inicialmente descreve o caráter normativo das presunções tributárias. Para tanto, expõe o sentido de norma jurídica assumido no trabalho. Trata da estrutura das normas jurídicas, bem como da dualidade norma e sanção. Para fundamentar teoricamente suas construções acerca das presunções, expõe com minúcias o suporte fático normativo e seus elementos. A noção de norma jurídica exposta não é demasiada, haja vista o teor normativo que as presunções apresentam, conforme se pode perceber numa passagem do livro: "todas as normas jurídicas de presunção devem estreita obediência aos princípios constitucionais e aos direitos fundamentais dos contribuintes".

Não se pode negar a utilidade que as presunções cumprem no processo arrecadatório. Muitas vezes é impossível aferir a extensão econômica de certos fatos jurídicos tributários e de seus elementos constitutivos. Mas o uso deve ser permeado com elementos que permitam conciliar a necessidade de arrecadação, aliada ao dever fundamental de contribuir com os gastos públicos, com a instituição de meios eficazes de fiscalização para cobrar os tributos de acordo com as situações fáticas sobre as quais as normas tributárias incidem. A praticidade não pode liberar a prova, em linguagem competente, da ocorrência do fato jurídico tributário.

Em capítulo específico o livro trata da praticidade fiscal. Aborda pontos essenciais para o entendimento do "princípio", inclusive fazendo uma importante referência de que a finalidade da praticidade fiscal consiste na igualdade. Para desenvolver o seu raciocínio faz interessantes e atiladas observações sobre a igualdade. Diz o autor que a "praticidade, entendida como princípio, encontra-se disposta no texto constitucional, objetivando tornar a máquina estatal mais célere, econômica e, por consequência, eficaz; ademais, permite uma maior eficiência da fiscalização e da arrecadação tributária, através da adoção de padrões gerais de simplificação a serem observados, pelo intérprete, na construção das normas jurídicas tributárias. Representa o interesse de todo o meio social e tem como objetivo possibilitar a execução da igualdade geral".

Conforme o livro ressalta, não há uma única forma de positivar a praticidade fiscal, seja ela entendida como um princípio ou como um instituto. Variados instrumentos podem, igualmente, concorrer para a efetivação da praticidade fiscal. Assim, as abstrações generalizantes, os conceitos jurídicos indeterminados, as cláusulas gerais, as normas em branco e as normas de simplificação podem estar a serviço da praticidade fiscal. Mas os meios não se esgotam nos instrumentos mencionados. A praticidade se mostra nas analogias, nas técnicas de privatização da gestão tributária e, até mesmo, nas transações tributárias para a solução de conflitos. Todos os meios foram analisados no trabalho, o que evidencia um tratamento sistematizado sobre a matéria.

A praticidade fiscal significa a adoção pela Administração Tributária de padrões fiscais que promovam a facilitação da aplicação da legislação, possibilitando que a execução seja mais eficiente e igualitária. Mas, conforme o autor ressalta, deve-se ter cuidado com a preservação dos direitos fundamentais do contribuinte. Por isso a necessidade do controle judicial de eventuais excessos. É o conteúdo do último capítulo, competentemente cerzido pelo autor.

Ao final de cada prefácio que escrevo, sempre recomendo, sinceramente, a leitura do livro. O trabalho do Thiago Maia Nobre Rocha, sem dúvida alguma, vem preencher um silêncio da doutrina nacional sobre a praticidade fiscal. Só por isso mereceria a leitura. Mas o estudo contém um rico material para a compreensão e o estudo do tema. Está de parabéns a editora Noeses pela publicação.

Maceió, 1º de agosto de 2015

Gabriel Ivo

Professor da Universidade Federal de Alagoas

Procurador do Estado de Alagoas

SUMÁRIO

1. INTRODUÇÃO

É incipiente a produção teórica acerca da praticidade tributária, havendo uma quantidade maior de estudos relacionados de forma específica à presunção tributária. Estes, contudo, não relacionam as presunções como instrumentos implementadores da praticidade fiscal, também conhecida como praticabilidade fiscal.

Nesse ponto, deve ser feito um corte metodológico, pois, entre as várias maneiras de viabilizar a praticidade fiscal (tais como as presunções, normas de simplificação, cláusulas gerais, conceitos jurídicos indeterminados, normas tributárias em branco, analogia ou a privatização da gestão tributária), a praticidade pelas presunções fiscais é que constitui o objeto central deste estudo.

Objetivando fixar o entendimento das presunções como normas jurídicas tributárias, optou-se por demonstrar a relação intrínseca e condicionante que as normas jurídicas possuem com a sociedade, bem como evidenciar o campo de atuação e a finalidade das presunções em matéria tributária.

Delimitado o vínculo e a finalidade precípua das normas jurídicas, busca-se destacar o sentido de normas jurídicas a partir de pensamentos doutrinários que as consideram textos legais, ou seja, resultados da atividade criadora do legislador.

Assim, os enunciados legais passam a constituir importante fonte de estudo para a temática, pois sem as proposições legais tornar-se-ia impossível indicar e analisar as presunções que tratam da matéria tributária.

Ressalta-se que, mesmo nesta linha de pensamento, o intérprete pode assumir papel de destaque, porquanto não é incompatível pensar na existência de normas implícitas em face das lacunas legais que são naturais a todo e qualquer sistema jurídico.

Nesse campo, o intérprete (notadamente o julgador) extrai de norma jurídica (existente) determinado princípio que norteia o sistema e que se encontra implícito no ordenamento jurídico. Por exemplo, poderia ocorrer na extração do princípio federativo a partir das normas constitucionais que estabelecem a divisão (rígida) da competência tributária entre os entes políticos.

Fixadas tais premissas, o estudo defende que as normas tributárias apresentam sempre uma estrutura contendo uma descrição de um suporte fático e uma prescrição dos respectivos efeitos jurídicos que irão surgir se o(s) fato(s) previsto(s) no suporte concretizar(em)-se (preceito normativo).

Assume destaque, neste ponto, a ideia não sancionista de que essa estrutura pode estar presente em qualquer tipo de norma, independentemente da natureza dúplice defendida pela visão kelseniana.

Dada a importância do suporte fático para o surgimento do fato jurídico e a consequente produção de efeitos, busca-se analisar quais os elementos que estruturam o suporte fático, compreendendo os elementos nucleares (cerne e elementos completantes), os elementos complementares e os elementos integrativos do suporte fático.

Estuda-se, ainda no primeiro capítulo, a sistemática das presunções tributárias, constatando-se que estas constituem previsões legais que sempre estiveram presentes nas mais variadas legislações de diferentes sistemas jurídicos, bem como que as presunções em matéria tributária também constituem uma realidade bastante disseminada pelo legislador.

É natural que o estudo busque compreender as razões para essa utilização crescente das presunções, o que se deve à necessidade da Administração de criar mecanismos que tornem mais simples e eficiente a aplicação da legislação tributária. Necessidade esta percebida, sobretudo, pela ineficácia do poder tributante de aplicar a norma tributária diante da amplitude de situações tributadas e do grande número de contribuintes alcançados.

Explica-se, ainda, que a presunção não é um vocábulo reproduzido de maneira homogênea, tendo em vista que, a depender do ramo do conhecimento que lida com a expressão, pode apresentar diferentes acepções. Acrescenta-se a essa imprecisão o fato de que o termo, dentro do próprio direito tributário, tem apresentado sentidos distintos. Essa polissemia normalmente tem gerado uma dificuldade na operacionalização do instituto.

Ao fixar o entendimento da presunção como a escolha, pelo legislador, de um fato de provável ocorrência a partir da análise de outro fato, encerra-se o primeiro capítulo, revelando alguns textos legais que veiculam presunções de cunho estritamente tributário.

O segundo capítulo analisa a praticidade fiscal propriamente dita, destacando que o Estado surgiu para atender às inúmeras necessidades que a vida em sociedade impõe e que, em razão disso, necessita de recursos para tanto, constituindo os tributos a principal fonte de custeio desse desiderato estatal. Desse modo, o poder de tributar (e o correlato dever fundamental de pagar tributos) serve de base para a busca de uma tributação mais igualitária, ou seja, mais eficiente e exequível.

Ao proceder ao exame da praticidade, o presente trabalho revela que ela é entendida como um limite objetivo que almeja tornar a execução das normas tributárias mais simples, de modo a atender a um número maior de pessoas e situações, facilitando a administração, a fiscalização e a arrecadação tributária.

Nesse cenário, o segundo capítulo averigua os padrões fiscais entendidos como presunções e propõe apontar os elementos estruturais que condicionam a validade dos instrumentos de praticidade fiscal. Por derradeiro, percorre os diferentes meios ou mecanismos de veiculação da praticidade fiscal.

O terceiro capítulo investiga os limites ao poder de tributar, de modo a confrontá-lo com valores presentes no texto constitucional que asseguram direitos fundamentais aos contribuintes. Inquire, ainda, sobre a observância de tais limitações nas praticidades fiscais pelas presunções. Por fim, investiga como deve ser feito o controle dos excessos estatais praticados com o intuito de tornar a tributação exequível por meio das presunções tributárias.

O presente trabalho objetiva, assim, acentuar que as presunções (como normas jurídicas que pretendem garantir a praticidade fiscal) podem e devem ser limitadas por valores insculpidos (expressa ou implicitamente) no texto constitucional; estes denotam verdadeiros limites no sentido de tornar a legislação tributária mais igualitária, eficiente e exequível. Para tanto, percorre temas atuais e de grande relevo na atual sistemática tributária, como as presunções, a praticidade fiscal, as limitações e o controle de eventuais excessos.

2. O CARÁTER NORMATIVO DAS PRESUNÇÕES TRIBUTÁRIAS

O presente capítulo busca delimitar o modelo teórico adotado, possibilitando revelar o arquétipo de referência que embasa esta pesquisa científica e, ao mesmo tempo, evitar ambiguidades ou imprecisões no resultado apresentado.

Tal delimitação intenta demonstrar a acepção adotada acerca do que é a norma jurídica tributária, e, ainda, expor a necessidade de as presunções tributárias serem compreendidas dentro desse contexto.

Nesse cenário, importante que o estudo, inicialmente, enfoque a relação existente entre os homens e a vida em sociedade, e entre esta última e o direito, enfocando a necessidade da normatização, para que a adaptação e a convivência do homem em sociedade sejam possíveis.

É preciso salientar que o homem é um ser eminentemente social; ao contrário dos primórdios (em que a vida nômade satisfazia as suas necessidades), hoje ele depende da vida em conjunto com outros homens para atender aos seus próprios interesses.

Os elementos desse binômio devem ser sintetizados pela necessidade humana de utilizar bens da vida que somente são colhidos a partir da vida em conjunto (necessidade) e da ligação existente entre o homem e esses bens (interesse).

A vida em sociedade surge como algo necessário a satisfazer os interesses do próprio homem. Contudo, tendo em vista que adaptação social acarreta inúmeros choques de interesses individuais, torna-se fundamental que o comportamento humano seja regrado, dentro do agrupamento social, a fim de que o interesse comum da coletividade seja alcançado e preservado.

Por tal razão, a vida em sociedade impõe a existência de normas de conduta, exaradas por instrumentos de controle social (processos de adaptação social) que impõem regras sociais a serem observadas. A criação de tais regras permite a existência da própria sociedade e afasta a desordem como um estado natural da vida social.

Tais instrumentos (como a moral, a religião e o direito) são processos que buscam permitir que os homens se ajustem à vida em sociedade. Nesse cenário, como ensina Miguel Reale:[1]

> O Direito, porém, não visa a ordenar as relações dos indivíduos entre si para satisfação apenas dos indivíduos, mas, ao contrário, para realizar uma convivência ordenada, o que se traduz na expressão: bem comum. O bem comum não é a soma dos bens individuais, nem a média do bem de todos; o bem comum, a rigor, é a ordenação daquilo que cada homem pode realizar sem prejuízo do bem alheio, uma composição harmônica do bem de cada um com o bem de todos.

Como esclarece Pontes de Miranda, "a regra jurídica é norma com que o homem, ao querer subordinar os fatos a certa ordem e certa previsibilidade, procurou distribuir os bens da vida".[2]

Por intermédio do direito são criadas condutas que obrigatoriamente têm de ser seguidas para que a convivência em coletividade seja possível. Tal obrigatoriedade pode ser explicada pela incidência infalível e automática das normas do

1. REALE, Miguel. *Lições preliminares do direito.* São Paulo: Saraiva, 1995. p. 59.

2. PONTES DE MIRANDA, Francisco Cavalcante. *Tratado de direito privado.* 4. ed. Rio de Janeiro: RT, 1972. t. 1, p. 3.

direito defendida por Pontes de Miranda, conforme ressalta Marcos Bernardes de Mello:[3]

> Também não há uniformidade quando se trata de saber em que consistiria essa obrigatoriedade. Para alguns, reside na sanção, na coação externa, enquanto as normas morais, religiosas, políticas devem ser seguidas e observadas espontaneamente, e a coação porventura nelas existente tenha caráter psicológico, interior, as jurídicas são impostas, inclusive pelo uso de coação externa através de sanções. [...]
>
> Para outros, como Pontes de Miranda, cujo pensamento acompanhamos, a obrigatoriedade das normas jurídicas resulta de sua incidência, que, transformando em fato jurídico o fato que constitui cerne de seu suporte fáctico, subordina às suas normas as condutas relacionadas àquele fato. Nenhuma outra norma de qualquer dos demais processos de adaptação social tem esta característica de criar fatos específicos vinculantes das condutas a que dizem respeito.

Contudo, se as regras de direito são imprescindíveis à vida em sociedade, é importante perceber que elas somente existem em razão da vida em sociedade. Significa dizer que assim como a sociedade não pode prescindir do direito, este somente surge diante da possibilidade de conflitos de interesses com a vida em sociedade.

Desse modo, ocorre uma relação de coexistência entre a sociedade e o direito, de modo que o direito somente existe se houver sociedade, e esta não poderá continuar existindo se não houver normas obrigatórias de direito. Como observa Marcos Bernardes de Mello,[4] ao justificar o caráter essencial do direito:

> O homem sozinho não necessita de direito ou de qualquer norma de conduta. Por isso, o direito não está na natureza do ser humano, sendo-lhe estranho e dispensável. Somente quando o homem se vê diante de outro homem ou da comunidade, e

---

3. MELLO, Marcos Bernardes de. *Teoria do fato jurídico:* plano da existência. 20. ed. São Paulo: Saraiva, 2014. p. 38.

4. Idem, p. 39.

> condutas interferem entre si, é que exsurge a indispensabilidade das normas jurídicas, diante da indefectível possibilidade dos entrechoques de interesses que conduzem a inevitáveis conflitos. [...]
>
> Por isso, a sociedade humana, conquanto possa prescindir de quase todas as instituições de que se vale para manter-se, não pode prescindir do direito. O brocardo *ubi societas ibi ius* ressalta muito bem esse caráter necessário da ordem jurídica.

Portanto, a sociedade encontra-se associada ao direito e vice-versa, pois sem que existam normas de direito (obrigatórias) restringindo ou delimitando o interesse individual do ser humano em prol do interesse da própria coletividade, a permanência da vida em sociedade tornar-se-ia insustentável.

2.1 Delimitação de normas jurídicas

Compreendida a importância das normas do direito para a manutenção da vida em sociedade, cumpre fixar qual o sentido que deverá nortear o presente estudo quando o vocábulo norma jurídica for utilizado, até para que não haja ambiguidades no seu emprego, a resultar em inconsistências teóricas.

Tal delimitação é imprescindível porque a palavra norma jurídica, por si só, é cercada de imprecisão, não existindo um consenso no que diz respeito ao seu real significado. Somente delimitando tal significação é que o risco de um sincretismo metodológico poderá ser afastado, tornando possível fixar um sistema de referência para embasar o modelo teórico adotado (diminuindo eventuais complexidades).

Pois "todo saber científico pressupõe um corte metodológico para que se torne possível o estudo do objeto, caso contrário, estudar-se-ia tudo em um regresso *ad infinitum*, o que seria incompatível com a pretensão científica", como adverte Tárek Moussallem.[5]

5. MOUSSALLEM, Tárek Moysés. *Fontes do direito tributário.* São Paulo: Max Limonad, 2001. p. 33-34.

A matéria não é de fácil solução. Envolve duas percepções doutrinárias que partem de enfoques totalmente distintos acerca do conceito de norma jurídica e apresentam repercussões desiguais com relação à incidência da norma jurídica. Isso impõe: (i) por um lado, o pensamento da norma jurídica dentro de uma linguagem prescritiva como documento normativo (texto legal) criado pelo legislador para permitir a manutenção da vida em sociedade; (ii) a defesa da norma como resultado da interpretação dos textos legais.

A primeira acepção defende que a norma jurídica é feita por quem tem o poder de fazê-la na comunidade jurídica: o legislador. Nela o intérprete apenas assume a missão de observar o conteúdo da norma e constatar se o fato ocorrido ajusta-se a tal conteúdo (norma incide, então, automática e infalivelmente) ou se não se acomoda (não incide a norma).

Noutra rota, Hans Kelsen[6] visualiza a norma jurídica como o resultado da interpretação do texto legal:

> A norma funciona como esquema de interpretação. Por outras palavras: o juízo em que se enuncia que um ato de conduta humana constitui um ato jurídico (ou antijurídico) é o resultado de uma interpretação específica, a saber, de uma interpretação normativa.

Essa segunda linha de pensamento parte da premissa de que a norma jurídica somente é criada no ato de sua aplicação pelo intérprete; desse modo, o texto legal corresponde somente a um ponto de partida para o conhecimento da norma jurídica que é extraída pelo intérprete. Logo, a incidência da norma somente ocorre pelo ato humano de aplicá-la.

A tese da norma como fruto de uma atividade interpretativa é sedutora, mas afasta-se das balizas mestras do presente trabalho, carecendo de retoques que tornariam as conclusões apresentadas carecedoras de um melhor sustentáculo científico.

---

6. KELSEN, Hans. *Teoria pura do direito*. 4. ed. São Paulo: Martins Fontes, 1994. p. 4.

2.1.1 Visão de norma como documento normativo

Tal corrente doutrinária, como visto, entende que a norma jurídica é elaborada por quem tem o poder de fazê-la na comunidade jurídica: o legislador. Assim sendo, a norma jurídica equivale ao próprio texto legal (documento normativo).

O escólio da doutrina ponteana, especialmente representada e elucidada por Marcos Bernardes de Mello,[7] pode ser sintetizado do seguinte modo:

> A doutrina ponteana parte do pressuposto, já antes mencionado e que nos parece irretocável, de que a norma jurídica é ditada por quem, na comunidade jurídica, tenha o poder de fazê-lo. E quem tem esse poder nos sistemas de direito escrito é o legislador e nunca o intérprete.

O fundamento dessa concepção, pois, é de que a norma já se encontra posta pelo legislador e não pelo intérprete. As normas jurídicas, assim, preexistem aos fatos que ali estão referidos. Isso implica dizer que não é o fato, quando concretizado e interpretado, que cria a norma. Por força disso, o intérprete, ao analisar o texto normativo, assume o papel de apenas verificar se tal fato amolda-se ou não ao desenho normativo, tornando-se fato jurídico e irradiando efeitos mediante a incidência automática e infalível da norma jurídica.

As normas jurídicas não devem ser entendidas como proposições que são construídas a partir do texto legal (observando-se a realidade social). De fato, constituem textos legais (proposições legais) que prescrevem que, ocorrendo determinado fato, este se tornará um fato jurídico e, consequentemente, de forma automática e infalível, advirão determinados efeitos no plano intersubjetivo.

Os textos normativos, desse modo, terão a necessidade de prever um fato abstrato (suporte fático) que permitirá (se

7. MELLO, Marcos Bernardes de. *Teoria do fato jurídico:* plano da existência. 20. ed. cit., p. 134.

concretizado) que venha a surgir o fato jurídico. Na apurada lição de Manoel Cavalcante de Lima Neto,[8] ao elucidar a adoção pela visão ponteana, tal pensamento pode assim ser compreendido:

> Adota-se neste trabalho a posição de Pontes de Miranda, encampada por Marcos Bernardes de Mello e Alfredo Augusto Becker. Nessa linha de pensamento, compete à norma jurídica estabelecer a hipótese fáctica que condiciona a existência do fato jurídico, o suporte fáctico. À previsão abstrata, enquanto enunciado lógico da norma, dá-se o nome de suporte fáctico hipotético, e ao suporte fáctico materializado, acontecido no mundo dos fatos, atribui-se o nome de suporte fáctico concreto.
>
> As normas jurídicas de tributação por meio de incidência tendem a produzir um fato jurídico. Materializado o seu suporte fáctico, a norma de tributação incide sobre ele para juridicizá-lo, produzindo o fato jurídico, nascendo daí, como eficácia jurídica correspondente, a relação jurídica tributária.

Neste cenário de que as normas jurídicas correspondem aos próprios textos legais, é de grande valia mencionar que elas nem sempre estão explícitas no ordenamento jurídico, podendo também aparecer implícitas.

É evidente que não há dificuldade em verificar normas expressas nos sistemas jurídicos escritos, uma vez que em tais sistemas é comum existirem textos expressos contendo previsões abstratas que visam regular situações futuras, em uma composição que busca ser harmônica e sistemática.

Essas normas expressas devem ser observadas em conjunto com as demais normas que compõem o sistema jurídico, pois tais textos expressos podem parecer sem sentido se analisados individualmente.

Assim, ainda que a norma sobrevenha de um texto legal expresso, é perfeitamente possível constatar normas que o legislador cria para complementar outra(s) norma(s), e por tal razão devem ser analisadas em conjunto. Como ocorre

---

8. LIMA NETO, Manoel Cavalcante de. *Substituição tributária*. Curitiba: Juruá, 2000. p. 21.

na norma jurídica (texto legal) fixada no art. 139 da Lei n. 5.172/1966 (Código Tributário Nacional – CTN), que determina que "[o] crédito tributário decorre da obrigação principal e tem a mesma natureza desta".

Tal dispositivo não menciona expressamente o que vem a ser obrigação tributária principal, pressupondo-se como um complemento do art. 113 do CTN, que expressamente conceitua o que vem a ser tal obrigação.

Consoante assevera Marcos Bernardes de Mello,[9] existem ainda normas expressas que apenas fazem remissão a outras normas, importando simplesmente que integrem um mesmo sistema jurídico. Pode ser apontada, como exemplo, a regra escrita no art. 107 do CTN, que determina que a legislação tributária deve ser interpretada de acordo com as normas seguintes contidas naquele mesmo capítulo.

Questão de maior relevância, contudo, é aquela posta em anterior afirmativa e que diz respeito à existência de normas implícitas no sistema jurídico do direito positivo. O que, numa apreciação apressada, poderia ser visto como uma contradição, dado o fato de que a visão ponteana defende norma como sendo o texto legal.

As normas implícitas somente existem em razão da impossibilidade de os textos do direito atenderem a todas as situações da vida social, o que acarreta usualmente a existência de lacunas legais nos sistemas jurídicos.

Diante disso, é claro que o intérprete assume papel de destaque. Porém, não se trata de atividade criadora, e sim reveladora de normas jurídicas, como atesta Marcos Bernardes de Mello:[10]

> Essa atividade reveladora de normas jurídicas com a finalidade de suprir as lacunas do ordenamento jurídico não é nem pode

---

9. MELLO, Marcos Bernardes de. *Teoria do fato jurídico:* plano da existência. 20. ed. cit., p. 56-58.

10. Idem, p. 60.

> ser considerada, em face dos dogmas do positivismo, uma atuação legislativa. O que ocorre, na verdade, é que o intérprete (geralmente o juiz), na solução dos casos, tomando como fundamento os princípios que norteiam o sistema jurídico, extrai norma que torna específico aquele princípio. Assim, não há criação de norma nova, mas, apenas, revelação de norma que existe de modo não expresso, implícito, no sistema jurídico.

Trata-se, portanto, de normas que existem de modo implícito no ordenamento jurídico, integrando-o, e que são reveladas pelos próprios textos legais (ainda que de maneira implícita). Como ocorre quando o juiz, diante de uma lacuna da lei, resolve fazer a integração nos exatos termos do art. 108 do CTN, observando a analogia, os princípios gerais do direito tributário, os princípios gerais de direito público ou a equidade. Para fazer a integração, parte-se de uma norma existente para demostrar (revelar, e não criar) outra norma existente de forma implícita.

Como, por exemplo, pode ser extraído pela percepção da existência do princípio da proibição do enriquecimento sem causa do Estado; ainda que este não esteja escrito no sistema tributário nacional, é norma que deve ser extraída/revelada como integrante desse sistema a partir da análise das demais normas integrantes de forma expressa do sistema tributário.

Desse modo, toda norma jurídica corresponde a determinado texto legal que, necessariamente, irá (i) descrever um fato (suporte fático) que permitirá o surgimento de um fato jurídico; e (ii) prescrever quais são os efeitos jurídicos que deverão ser cominados a esse fato jurídico – ainda que tal composição não possa ser vista isoladamente (mas em conjunto, eventualmente, com as demais normas) – ou mesmo diante das lacunas legais (em que se faz necessário revelar o teor da norma, assumindo o intérprete tal encargo).

2.1.2 Concepção da construção da norma pelo intérprete

A visão de norma jurídica como construção do intérprete parte da premissa de que ela não pode ser confundida com o próprio enunciado legal (texto legal). Ou seja, por tal concepção o intérprete é quem constrói o sentido do texto, criando a norma jurídica, ao passo que o legislador apenas produz o texto legal, que servirá de base para a atividade do intérprete criadora de norma.

Os textos legais assumem, aqui, a indispensável função de servir à construção da norma jurídica tributária, podendo ser compreendidos como uma condição ou um elemento necessário à existência de uma norma jurídica.

Guastini,[11] compartilhando tal linha de pensamento, esclarece que: "disposizione ogni enunciato apartenente ad una fonte del diritto e norma in senso lato (non la disposizione stessa, ma) il suo contenuto de senso, il suo sgnificato, che è una variable dependente dell'interpretazione".[12] O que implica dizer que a norma é a significação do dispositivo legal, ou seja, uma variável dependente de interpretação.

A precisa lição de Gabriel Ivo[13] revela com exatidão esse modo de pensar:

> Norma jurídica não se confunde com meros textos normativos. Estes são apenas os suportes físicos. Antes do contato do sujeito cognoscente não temos normas jurídicas, e sim, meros enunciados linguísticos esparramados pelo papel. Enunciados postados em silêncio. Em estado de dicionário. Aguardando que alguém lhes dê sentido.

Antes de o intérprete construir o sentido do enunciado legal não há que se falar em norma propriamente dita, mas tão somente em enunciados de direito positivo. A atividade de construção de sentidos, que resulta na criação de normas, depende de uma linguagem a ser conferida pelo intérprete, uma vez que sem linguagem não é possível conhecer, e tampouco

11. GUASTINI, Riccardo. *Teoria e dogmatica delle fonti*. Milão: Dott. A. Giuffrè,1998. p. 16.

12. "Cada dispositivo legal é uma fonte de direito e norma em sentido amplo (não a própria disposição, mas), o seu conteúdo de sentido, seu significado, é uma variável dependente de interpretação" (tradução livre do autor).

13. IVO, Gabriel. *Norma jurídica:* produção e controle. São Paulo: Noeses, 2006. p. 48.

transmitir o conhecimento. A linguagem torna possível a atividade do intérprete e, consequentemente, a criação da norma.

Por tal concepção, a norma, enquanto resultado da interpretação do texto legal, não pode ser construída de modo a revelar um sem-sentido deôntico (como, por exemplo, uma norma que permitisse alguém deixar de pagar tributo se optasse por não ter nenhum direito em relação ao Estado, ou outra norma que proibisse que dinossauros tirassem carteira de habilitação).

A estrutura lógica da norma, dessarte, não pode nem deve ser olvidada. Por isso mesmo Paulo de Barros Carvalho[14] ressalta que as normas jurídicas são "expressões irredutíveis de manifestação do deôntico."

Se a norma jurídica é o resultado de interpretação dos textos legais, cabe esclarecer ainda que ela é, a um só tempo, fruto e esquema da interpretação. Hans Kelsen,[15] nesta linha de pensamento, esclarece que:

> A norma funciona como esquema de interpretação. Por outras palavras: o juízo em que se enuncia que um ato de conduta humana constitui um ato jurídico (ou antijurídico) é o resultado de uma interpretação específica, a saber, de uma interpretação normativa.

Com a análise dos textos legais será possível confeccionar a norma jurídica tributária a partir da linguagem do intérprete e atribuir sentidos. Construída a norma, poderá então ter incidência. Significa dizer que por tal visão doutrinária, a incidência não deve ser entendida como algo que surge automaticamente com a ocorrência do suporte fático (hipótese de incidência), mas sim como algo que depende da linguagem competente (aplicação). O que incide é o produto da interpretação, e não o texto literal do enunciado normativo.

---

14. CARVALHO, Paulo de Barros. *Direito tributário:* fundamentos jurídicos da incidência. 2. ed. São Paulo: Saraiva, 1999. p. 17.

15. KELSEN, Hans. *Teoria pura do direito* cit., p. 4.

Desse modo, ao criar a norma jurídica tributária o intérprete poderá aplicar o sentido construído do texto (a norma jurídica tributária) e, assim, construir o sentido da incidência tributária.

Mesmo reconhecendo o valor dessa construção doutrinária, o presente estudo opta pela adoção da visão ponteana por entender que o intérprete não seria o criador da norma, senão um mero aplicador da norma (texto legal) quando determinado fato ocorre, desde que este possa ser amoldado à hipótese legal (incidindo a norma jurídica).

Eis a função do intérprete na precisa lição de Pontes de Miranda:[16]

> Para que se saiba qual a regra jurídica que incidiu, que incide, ou que incidirá, é preciso que se saiba o que é que se diz nela. Tal determinação do conteúdo da regra jurídica é função do intérprete, isto é, do juiz ou de alguém, jurista ou não, a que interessa a regra jurídica.

Nessa mesma ordem de ideias, Marcos Bernardes de Mello[17] esclarece com precisão que:

> Disso resulta uma verdade que nos parece indiscutível: o intérprete (= aplicador) do direito não tem poder de criar norma jurídica, nem de modificá-la, ou completá-la, muito menos de fazê-la incidir, salvo casos especiais permitidos pelo sistema, como já anotamos. Cabe-lhe, apenas, identificar o conteúdo normativo ínsito na norma e constatar se os fatos acontecidos são compatíveis, ou não, com ele; se o são, a norma incidiu; se não o são, não houve a incidência.

Nessa perspectiva, adota-se a visão ponteana por verificar que a norma jurídica deve ser criada antes da ocorrência do fato. Ou seja, a visão ponteana permite que o texto legal

16. PONTES DE MIRANDA, Francisco Cavalcante. *Tratado de direito privado.* Campinas: Bookseller, 2000. t. II, p.13.

17. MELLO, Marcos Bernardes de. *Teoria do fato jurídico:* plano da existência. 20. ed. cit., p. 133.

(normal) preveja um fato abstrato que exista antes mesmo de o fato ter se concretizado, o que resulta num correto sincronismo com o princípio da irretroatividade da norma.

Isso remete ao preciso esclarecimento de Marcos Bernardes de Mello:[18]

> As normas jurídicas, portanto, preexistem aos fatos a que se referem, nunca os fatos às normas jurídicas, mesmo porque rege o sistema jurídico o constitucional princípio da irretroatividade da lei, que decorre do valor fundamental da segurança jurídica. Na concepção de Paulo de Barros Carvalho, a ideia de que a norma somente existe quando criada no ato de aplicação pelo intérprete inverte, totalmente, os termos do processo segundo o qual se desenvolve o fenômeno jurídico, pois:
>
> a) termina pelo começo, se comparado com o modelo ponteano, uma vez que a incidência ocorreria ao final do processo;
>
> b) a norma jurídica somente passa a existir após já concretizada a situação fáctica que ela regula, deixando sem explicação convincente como uma norma posterior pode ser referida a um fato anterior e como se pode exigir do indivíduo que se comporte segundo normas que não tem como conhecer, porque ainda não foram criadas.

Delimitada a ideia acerca do conceito de norma jurídica, tendo em vista a ambiguidade existente em face das duas concepções que envolvem o termo, passa a ser possível analisar a estrutura das normas jurídicas tomando como parâmetro o entendimento de norma jurídica como texto legal.

2.2 Estrutura das normas jurídicas

Normas jurídicas, consoante já destacado, são instrumentos de controle social (processos de adaptação social) que visam permitir a manutenção da vida em sociedade, uma vez que os conflitos de interesses, se não forem regulados, podem instaurar o caos social e afastar os homens da necessária convivência de uns com os outros.

---

18. MELLO, Marcos Bernardes de. *Teoria do fato jurídico*: plano da existência. 20. ed. cit.,, p. 134.

As normas surgem, assim, em razão da sociedade, e esta última somente existe e se mantém em razão das primeiras – o que demonstra uma relação de dependência e vinculação entre as normas de direito e a sociedade.

Dada essa indispensabilidade dos textos legais, resulta evidente que a obrigatoriedade dessas normas jurídicas advém da incidência automática (irradiação de efeitos), quando da ocorrência do fato previsto pela lei de maneira abstrata.

A compreensão de norma jurídica passa pela necessária ideia de que todo texto legal (norma de direito) tem de trazer a previsão de um fato e fixar quais serão os correlatos efeitos que a concretização desse fato irá acarretar às relações sociais existentes – ainda que tal estrutura somente possa ser visualizada, em determinados textos, a partir de uma análise das normas em conjunto com as demais normas do sistema normativo.

Do modo como é posta a questão, constituem elementos estruturais das normas jurídicas o fato abstrato (suporte fático) e os efeitos jurídicos (preceito) que surgirão na hipótese de o fato concretizar-se, tornando-se fato jurídico.

Por tal razão, a falta de qualquer um desses dois elementos torna a norma jurídica imprestável, pois a deixará como algo sem sentido lógico. Tal assertiva baseia-se na ideia de que se determinada norma jurídica somente contiver a descrição de um suporte fático, a norma não estará regulando em nada a vida em sociedade, pois não terá implicação alguma no seio social, dada a impossibilidade de produzir qualquer efeito.

Por outro lado, também resta inaceitável que determinada norma jurídica somente venha a prescrever efeitos, sem os relacionar a determinado fato jurídico. Não teria como incidir, uma vez que não haveria fato jurídico (que corresponde ao suporte fático concretizado).

2.2.1 Norma e sanção

Composta a norma de um suporte fático e de um preceito que revela os efeitos que serão imputados no plano intersubjetivo com a ocorrência do fato jurídico (suporte fático concretizado), não há como admitir normas jurídicas incompletas (sem um dos elementos indicados).

Desse modo, não há que se acolher o pensamento de Karl Larenz:[19]

> É, porventura, logicamente possível conceber como proposições jurídicas incompletas todas as proposições jurídicas que não expressam propriamente um preceito ou uma proibição, que servem unicamente para completar normas preceptivas ou proibitivas. Porém, isto não tornará mais transparente a elaboração das leis, nem mais fácil a sua compreensão e aplicação, mas, pelo contrário, dificultá-las-á.

Norma incompleta, consoante já destacado, não pode ser admitida, pois a ausência de qualquer um dos elementos estruturais da norma a inviabiliza como norma – conforme já destacado anteriormente.

Assim sendo, passa a ser questão de acentuado interesse a referência ao entendimento do que vem a ser a norma completa em sua estrutura. Não obstante as variações de entendimentos existentes, e tendo em vista o marco teórico já firmado no presente estudo, tal análise limitar-se-á à constatação de duas concepções doutrinárias distintas: uma primeira estruturando a norma em uma visão dúplice sancionadora (Kelsen), e a outra (influenciada por Pontes de Miranda) conformando a norma sob uma compreensão de uma estrutura singular que não impõe uma sanção (não sancionadora).

A visão kelseniana pode ser sintetizada no entendimento de que a norma jurídica é formada por uma norma primária e outra secundária. A norma secundária ordena uma conduta para determinada hipótese (fato de possível ocorrência), correspondendo a um antecedente; já a norma primária seria aquela que impõe uma sanção que deve ser empregada no

19. LARENZ, Karl. *Metodologia da ciência do direito.* Lisboa: Fundação Calouste Gulbenkian,1997. p. 356.

caso de a conduta estabelecida pela norma secundária não ser cumprida, correspondendo aos efeitos pelo descumprimento do antecedente fixado pela norma secundária.[20]

Desse modo, a norma jurídica somente estaria completa a partir da junção do antecedente (suporte fático) da norma secundária e pelo efeito/sanção (preceito) fixado na norma secundária. Por tal razão é que, nessa orientação, defende-se uma concepção dúplice/bimembre da norma jurídica.

Isso, é evidente, não pode ser conciliado com as balizas já estabelecidas ao longo do presente trabalho, até porque já fora consolidado o entendimento de que a obrigatoriedade do direito não advém de eventual caráter sancionador, mas sim da sua incidência automática com o nascimento do fato jurídico.

Assim, o presente estudo filia-se à posição ponteana, entendendo que a norma jurídica é completa independentemente de uma sanção. Basta, para ser completa, que a norma contenha um suporte fático e a prescrição de um preceito correlato a ele, independentemente de esses efeitos corresponderem a uma sanção.

A incompletude encontrar-se-á presente se faltar na norma jurídica qualquer um desses elementos (o suporte fático ou o preceito), o que conduz ao pensamento segundo o qual tanto na chamada norma secundária, quanto na primária, podem existir normas jurídicas (desde que os dois citados elementos estejam presentes).

2.2.2 O suporte fático normativo e seus elementos

O suporte fático adquire importância elevada por representar uma condição para o surgimento do fato jurídico.

---

20. O presente estudo emprega os termos normas secundária e primária na visão proposta por Kelsen ainda em vida; entretanto, não desconhece que trabalhos póstumos confeccionados sob a responsabilidade do Instituto Kelsen, de Viena, remetem à ideia de que o autor, através de escritos feitos no final de sua vida, teria deslocado a ideia de norma primária para aquela que ordenaria a conduta; já a norma secundária seria aquela que impõe a sanção.

Significa dizer que sem suporte fático não tem como haver fato jurídico e, consequentemente, não é possível haver a irradiação de qualquer efeito jurídico. Dada essa imprescindibilidade, a norma jurídica sem suporte fático denota algo sem nenhuma lógica jurídica, não podendo ser considerada norma completa.

Representa, assim, a descrição de um fato abstrato que condiciona a incidência da norma. É verdade que ocorrendo esse suporte fático (abstrato) irá surgir o fato jurídico (que corresponde ao suporte fático concretizado), bem como a incidência automática e infalível dos efeitos da norma.

Equivale ao chamado fato gerador, o que deve ser visto com ressalva segundo Marcos Bernardes de Mello:[21] "porque o fato gerador da obrigação tributária é o fato jurídico, portanto, o suporte fáctico depois de juridicizado pela incidência, e não o suporte fáctico quando ainda tão somente conjunto de fatos".

Com efeito, é de bom alvitre lembrar que o papel das normas jurídicas é o de regular e permitir a vida em sociedade. Somente por meio da eleição (pelo legislador) de fatos importantes para o controle social é que tal desiderato será alcançado. O suporte fático, assim, passa a guardar relação com a própria razão de ser das normas jurídicas.

Baseando-se no que fora supramencionado, é perfeitamente possível que o legislador escolha fatos com base em mera probabilidade para formar o suporte fático da norma jurídica. É o caso, por exemplo, dos lucros cessantes na esfera cível e das inúmeras presunções fixadas pelas normas jurídicas tributárias.

Por fim, cabe anotar que a norma é composta de alguns elementos em seu suporte fático: (i) elementos nucleares; (ii) complementares; e (iii) integrativos do suporte fático normativo. A compreensão de cada um desses elementos adquire importância para a exata compreensão da norma jurídica.

---

21. MELLO, Marcos Bernardes de. *Teoria do fato jurídico:* plano da existência. 20. ed. cit., p. 83.

2.2.2.1 Elementos estruturais nucleares da norma

Os elementos estruturais nucleares da norma podem ser identificados como o cerne do suporte fático e os elementos completantes do núcleo. O núcleo do suporte fático normalmente é complexo, sendo composto por mais de um fato eleito pelo legislador: um que compõe o cerne e outro que o completa.

O cerne corresponde ao fato nuclear que determina o desenho do suporte fático e revela a sua concretização. Já os elementos completantes do núcleo, consoante o próprio nome diz, apenas encerram/completam o núcleo do suporte fático.

Por integrarem o núcleo do suporte fático, o cerne e os completantes atuam sobre a própria existência do fato jurídico. A ausência desses elementos impede a concretização do fato. Apesar disso, no caso de o suporte fático não ser complexo, é plausível imaginar um núcleo sem completante, tornando possível, nesse caso, a existência do fato jurídico.

Não se pode admitir, contudo, é que havendo suporte fático complexo (formado pelo cerne e pelo elemento completante) o fato possa ser concretizado. Tal previsão exige a presença dos dois elementos para que se possa falar em existência do fato jurídico.

Por outro lado, não se pode visualizar um suporte fático formado tão só por elemento completante (sem cerne), porquanto este visa completar o cerne nuclear. Em suma, todo suporte fático apresenta um cerne nuclear e, na maioria dos casos, um elemento completante desse cerne. De modo que cerne e completante têm de ser observados para que possa haver a concretização do suporte fático (fato jurídico).

Ou seja: entre os elementos do núcleo, há o cerne (que define o gênero do fato jurídico); este cerne não existe sozinho, pois requer elementos completantes (que completam esse cerne). Os dois formam, então, o núcleo do fato jurídico. Como, por exemplo, ocorre na compra e venda, na qual o cerne é o acordo de vontade, e os elementos completantes são o objeto e o preço. O acordo é o negócio jurídico (define o gênero), e o objeto e o preço completam esse negócio como compra e venda.

2.2.2.2 Elementos estruturais complementares da norma

Além do cerne nuclear e dos elementos que completam esse núcleo, o suporte fático apresenta outros fatos (denominados elementos complementares) que servem para complementar o núcleo sem, contudo, completar a estrutura nuclear (como ocorre nos elementos completantes do núcleo).

Por tal razão é que tais complementos, quando ausentes, não interferem na existência do fato jurídico (que continuará incidindo), somente repercutindo na eficiência do suporte fático, uma vez que se limita aos planos da validade. Como, por exemplo, na compra e venda, em que é necessário que o agente seja capaz e o objeto seja lícito.

2.2.2.3 Elementos estruturais integrativos da norma

O elemento integrativo não é encontrado em todo suporte fático, mas somente existe integrando o fato abstrato em algumas situações pela previsão de determinada prática por uma pessoa estranha à relação jurídica. Atua no sentido de acrescentar certo efeito à eficácia comum do negócio jurídico.

Desse modo, é plausível na compra e venda e nos atos que dependem de uma ação da Administração Pública. O negócio jurídico da compra e venda depende do registro do negócio no Cartório de Registro de Imóveis para que possa se falar em transmissão da propriedade. Nas fusões de grandes grupos empresariais, também somente com a autorização do órgão governamental é que a operação se encontra apta a produzir seus efeitos.

Daí se pode concluir que, assim como os elementos complementares, a falta dos elementos integrativos não afetará a incidência do suporte fático, mas somente refletirá na eficiência deste, limitando-se ao plano da eficácia.

Outra situação útil para ilustrar o elemento integrativo é a do lançamento tributário, conforme esclarece Marcos Bernardes de Mello:[22]

> Em direito tributário nacional, o lançamento constitui elemento integrativo do suporte fáctico do fato jurídico tributário, uma vez que a lei lhe confere a função de deflagrar sua eficácia final, consistente na atribuição de exigibilidade ao crédito tributário, gerando, por conseguinte, a obrigação do contribuinte de pagar o tributo.
>
> [...] é ato jurídico que integra, sem o compor, o suporte fáctico do fato jurídico tributário para deflagrar sua eficácia total.

O lançamento tributário, assim, integra o suporte fático do fato jurídico tributário, pois este somente conseguirá produzir sua eficácia integralmente se houver o lançamento tributário. Desse modo, a obrigação de pagar determinado tributo somente produzirá efeito pleno após lançado o tributo.

2.3 Presunções tributárias

As normas jurídicas veiculadoras de presunções não constituem uma inovação da atualidade; ao contrário, sempre fizeram parte da história das normas do direito, como ocorreu no direito romano clássico, pelo qual foi fixada a norma conhecida como presunção muciana;[23] esta determinava que os bens da mulher casada, se não tivessem origem comprovada, seriam presumidos como advindos do marido.

Também no direito canônico e no próprio Código francês de Napoleão, como esclarece Sérgio Carlos Covello,[24] há vários dispositivos legais tratando e valorando as presunções, em especial no campo probatório.

22. MELLO, Marcos Bernardes de. *Teoria do fato jurídico:* plano da existência. 20. ed. cit., p. 99-100 e 102.

23. SURGIK, Aluísio. Presunção absoluta e relativa (teoria da prova). In: FRANÇA, Rubens Limongi (Coord.). *Enciclopédia Saraiva de direito.* São Paulo: Saraiva, 1977. p. 387.

24. COVELLO, Sérgio Carlos. *A presunção em matéria civil.* São Paulo: Saraiva, 1983. p. 13.

Do mesmo modo ocorre nas normas jurídicas tributárias (textos legais), em que presunções tributárias também constituem uma prática antiga, comumente utilizada e ampliada, como esclarece Leonardo Sperb de Paola:[25]

> As presunções e ficções, em Direito Tributário, não são fenômenos periféricos. Pelo contrário, são encontráveis em praticamente todos os tributos. São utilizadas tanto nas normas que criam a obrigação tributária, como nas que dispõem sobre o processo administrativo tributário.

O habitual e crescente uso das presunções tributárias também tem sido observado por Maria Rita Ferragut:[26]

> As presunções estão presentes em diversas leis ordinárias, que contemplam pautas fiscais de valores, regime de estimativa, tributação reflexa dos sócios, sinais exteriores de riqueza, passivo fictício, preços de transferência, planta de valores e outras [...]

Tal utilização emana da necessidade da Administração de criar mecanismos que tornem mais simples e eficiente a aplicação da legislação tributária. Por tal razão é que o legislador cada vez mais tem criado textos legais (normas jurídicas) fixando presunções de cunho eminentemente tributário para incrementar a arrecadação tributária.

Tal realidade é notada em razão do universo enorme de contribuintes e de situações que se apresentam diariamente nas relações sociais e jurídicas. As presunções tributárias revelam-se como algo conveniente à Administração Pública.

Sendo algo tão disseminado nos textos legais tributários e constituindo objeto de importante análise para o presente estudo, é natural que as presunções tributárias passem a ser analisadas com um maior detalhamento nos itens seguintes deste trabalho.

---

25. PAOLA, Leonardo Sperb de. *Presunções e ficções no direito tributário*. Belo Horizonte: Del Rey, 1997. p. 97.

26. FERRAGUT, Maria Rita. *Presunções no direito tributário*. São Paulo: Dialética, 2001. p. 56.

2.3.1 Conceito e alcance das presunções em matéria tributária

O termo presunção não é um vocábulo reproduzido de maneira homogênea, tendo em vista que, a depender do ramo do conhecimento que esteja lidando com a expressão, pode apresentar diferentes acepções.

Acentua-se a essa imprecisão o fato de que o termo dentro do próprio direito tributário tem apresentado diferentes sentidos.[27] Essa polissemia normalmente tem gerado uma dificuldade na operacionalização do instituto.

A variação semântica tem ocasionado uma dicotomia no modo como as presunções têm sido entendidas: como um processo (meio de prova) a ser utilizado no raciocínio normativo ou como um produto do raciocínio humano (reforçando a natureza normativa do vocábulo), em um olhar mais estático do tema.

Note-se que as presunções apresentam-se sempre inseridas dentro do campo do possível, sob pena de possibilitarem a criação e a existência de normas jurídicas sem sentido deôntico, o que não pode ser admitido.

Geraldo Ataliba,[28] neste cenário, destaca a possibilidade de as presunções tributárias serem utilizadas como meio de prova, ao asseverar que "a presunção é um meio especial de prova, consistente em um raciocínio que, do exame de um fato conhecido, conclui pela existência de um fato ignorado".

Outros autores preferem optar pela adoção de um entendimento estático, como José Eduardo Soares de Melo,[29] que a entende como produto normativo. Esse autor considera a presunção como "resultado do processo lógico, mediante o

27. HARET, Florence. *Teoria e prática das presunções no direito tributário.* São Paulo: Noeses, 2010. p. 72-81.

28. ATALIBA, Geraldo. *Lançamento – Procedimento regrado.* Estudos e parecer de direito tributário. São Paulo: RT, 1978. v. 2, p.339.

29. MELO, José Eduardo Soares de. *ICMS teoria e prática.* São Paulo: Dialética, 1995. p. 99.

qual, do fato conhecido, cuja existência é certa, infere-se o fato desconhecido ou duvidoso, cuja existência é provável".

As presunções devem ser entendidas, conforme esclarece Cristiano Carvalho,[30] como "um processo lógico, um juízo que confere uma suposta causalidade a dois fatos que meramente demonstram correlação". Desse modo, por exemplo, o fato de a pessoa apresentar "movimentações financeiras vultosas" pode fazer presumir que esta mesma "pessoa teve rendimentos" e, assim, que há imposto de renda a ser pago.

Convém ressaltar que as presunções devem ser utilizadas com prudência nas diversas situações tributárias, não podendo ser aproveitadas, por exemplo, para fins de caracterização de infrações subjetivas tributárias (dolo e culpa), pois, como adverte Paulo de Barros Carvalho:[31]

> O dolo e a culpa não se presumem, provam-se. A despeito disso, predicando contornar os obstáculos que adviriam à atividade de fiscalização dos tributos, caso tivesse ela de pautar-se dentro desses parâmetros estritamente legais, serve-se o legislador do apelo à presunção, que equipara, desatinadamente, as infrações subjetivas às objetivas. Tais preceitos brigam com a organização do nosso direito positivo, que não comporta equiparação dessa índole, agredindo a sólida estrutura de institutos jurídicos seculares e maculando a inteireza de direitos fundamentais consagrados no texto do Estatuto Supremo.
>
> Na trilha dessa orientação, que prestigia soberanamente o ordenamento jurídico como um sistema, em detrimento da letra fria e isolada dos escritos da lei, já existem importantes manifestações do Poder Judiciário emanadas, principalmente, do antigo Tribunal Federal de Recursos, repudiando peremptoriamente o emprego de interpretações presuntivas no plano de ilícitos que requerem os elementos subjetivos na integralidade do seu enunciado.

Observando essa prudente limitação, as presunções que admitem a existência de um fato concluem pela existência de outro

---

30. CARVALHO, Cristiano. *Ficções jurídicas no direito tributário*. São Paulo: Noeses, 2008. p. 209.

31. CARVALHO, Paulo de Barros. *Direito tributário, linguagem e método*. 5. ed. São Paulo: Noeses, 2013. p. 964.

(fato presumido) e, assim, possibilitam a irradiação de determinados efeitos jurídicos. O que implica dizer que tal processo lógico (juízo) deve demonstrar uma relação de causalidade lógica entre tais fatos, como ensina Alfredo Augusto Becker:[32]

> A correlação natural entre a existência de dois fatos é substituída pela correlação lógica. Basta o conhecimento da existência de um daqueles fatos para deduzir-se a existência do outro fato cuja existência efetiva se desconhece, porém tem-se como provável em virtude daquela correlação natural.

Cabe registrar que as presunções podem advir de um trabalho investigativo humano, a partir da experiência humana (presunções simples ou *hominis*), ou podem estar fixadas em documentos normativos (presunções legais) que terão o sentido revelado pelo intérprete responsável pelo sentido das normas jurídicas.

Admitindo a existência das presunções simples e das presunções legais, Martinez[33] observa que:

> La presunción es un processo lógico conforme al cual, acreditada la existencia de un hecho – el llamado hecho base – se concluye en la confirmación de otro que normalmente le acompaña – el hecho presumido – sobre el que se proyectan determinados efectos jurídicos. Ese processo de deducción lógica puede ser el resultado de la especulación de quien aplica el Derecho, y en tal caso la presunción se califica de simple u "hominis", y puede también repentizarse en el texto de la norma jurídica, tratándose entonces de una presunción legal.[34]

---

32. BECKER, Alfredo Augusto. *Teoria geral do direito tributário*. 4. ed. São Paulo: Noeses, 2007. p. 539.

33. MARTINEZ, Ernesto Eseverri. *Presunciones legales y derecho tributário*. Instituto de Estudios Fiscales. Madri: Marcial Pons, 1995. p. 7.

34. "A presunção é um processo lógico segundo o qual, acreditada a existência de um fato – o chamado fato básico –, conclui-se pela confirmação de outro que normalmente o acompanha – o fato presumido –, sobre o qual se projetam determinados efeitos jurídicos. Esse processo de dedução lógica pode ser o resultado da especulação de quem aplica o Direito e, nesse caso, a presunção é qualificada de simples ou 'hominis', e também pode repetir-se no texto da norma jurídica, tratando-se então de uma presunção legal" (tradução livre do autor).

Assentando-se em tais premissas, cumpre destacar que indubitavelmente nas presunções legais haverá a possibilidade de serem visualizadas normas jurídicas (norma jurídica como texto legal).

Tal entendimento pode ser firmado a partir da premissa de que nas presunções legais haverá necessariamente texto normativo. Assim, evidente que nas presunções legais (em que há texto legal fixando a presunção) resta patente que podem surgir normas jurídicas, desde que se esteja diante de normas jurídicas completas (consoante já exposto em item anterior).

Nas presunções *hominis* somente seria possível considerar presunções como normas jurídicas se houver texto legal e a atividade humana deduzir a presunção a partir de enunciado normativo em um processo de revelação da norma (e não de criação da norma), o que ocorre nas lacunas legais e nas normas implícitas. Isso já foi destacado no item 2.1.1.

Tal situação pode ser concebida, por exemplo, no caso de o juiz entender que não poderia haver a cobrança do Imposto sobre a Propriedade de Veículos Automotores (IPVA), devido ao princípio da vedação do enriquecimento sem causa, daquele que já vendeu veículo que ainda não se encontra legalmente transferido para o novo proprietário. Presume-se, no caso, que a transferência já ocorrera quando da entrega do bem móvel (tradição) pelo respectivo pagamento, e não a partir do registro no órgão estatal (Detran).

Também, a título ilustrativo, pode-se cogitar a situação do "passivo fictício das empresas", (i) na qual o sócio empresta dinheiro à empresa para fins de justificar a entrada de dinheiro não contabilizado pela empresa ou (ii) na qual a empresa não contabiliza pagamentos (não reduzindo seu ativo anotado e criando um falso passivo), o que pode fazer com que o aplicador do direito presuma (presunção *hominis*) que houve omissão de receitas, ainda que não haja texto legal expresso, mas implícito.

Importante observar que a presunção como norma jurídica deve ser entendida como uma criação do homem (autoridade competente), pois a presunção é criada pelo legislador ao colocá-la expressa no texto legal; ou, ainda, será revelada (e não criada) pelo aplicador do direito mediante uma norma que existe de modo implícito.

É clássica a ideia de que as presunções podem ser absolutas ou relativas. É absoluta quando a proposição normativa construída não admitir oposição em sentido contrário, de modo que o fato presumido passa a ser incontroverso, criando uma certeza sobre tal fato (presuntivo). As presunções relativas correspondem àquelas que somente prevalecem até que alguém consiga demonstrar prova em sentido contrário.

Moacyr Amaral dos Santos[35] sintetiza tais observações:

> As presunções ou são resultado do raciocínio ou são estabelecidas pela lei, a qual raciocina pelo homem. Classificam-se em presunções simples ou comuns ou de homem (*praesumptiones hominis*) e presunções legais ou de direito (*praesumptiones juris*). Estas, por sua vez subdividem-se em absolutas, condicionais ou mistas. As absolutas ou *juris et de jure* não admitem prova em contrário; as condicionais ou relativas (*juris tantum*) admitem provam em contrário; as mistas ou intermédias não admitem contra a verdade por ela estabelecida senão certos meios de prova, referidos e previstos na própria lei.

Nesse cenário, cabe anotar que na esfera tributária, em regra, toda presunção legal deve buscar ser relativa, pois o caráter absoluto de uma presunção tributária revela uma elevada possibilidade de colisão com direitos fundamentais dos contribuintes, assegurados comumente por princípios constitucionais tributários.

De qualquer sorte, sejam absolutas ou relativas, as presunções devem revelar uma efetiva probabilidade de o fato presumido vir a ocorrer. Isso implica o entendimento de que, independentemente de admitir ou não prova em sentido contrário, a presunção pode ser afastada caso o legislador

35. SANTOS, Moacyr Amaral dos. *Prova judiciária no cível e comércio*. São Paulo: Max Limonad, 1942. p. 368.

presuma fatos que na realidade não tenham nenhuma possibilidade efetiva de ocorrer na maior parte das situações.

Outro ponto que tem despertado grande debate é a semelhança ou a distinção entre as presunções absolutas e as ficções jurídicas. Para Pontes de Miranda,[36] devem ser entendidas como algo distinto, uma vez que nas ficções não há juízo algum de possibilidade/probabilidade, mas, ao contrário, algo que não existe é tido como real.

Ou seja, enquanto nas presunções a lei fixa como verdade um fato que provavelmente é verdadeiro, nas ficções não há esse raciocínio lógico, já que a lei estabelece como verdadeiro um fato que normalmente não o é.

Desse modo, as presunções são construídas a partir de juízos de probabilidades, enquanto as ficções jurídicas são construídas em caminho diametralmente oposto; por isso, estabelecem verdades que não seriam prováveis.

As ficções jurídicas buscam desconsiderar o real a partir de propósitos determinados e atribuir efeitos jurídicos a situações nas quais o enunciado normativo não seria aplicável.

As ficções, assim como as presunções tributárias, são de ocorrência comum em matéria tributária. Como exemplo, a fixada no § 4º do art. 150 do CTN, que considera homologado o lançamento tributário se forem transcorridos cinco anos, contados da ocorrência do fato gerador, sem que a Administração Pública venha a pronunciar-se sobre a atividade desenvolvida pelo particular (consistente no cálculo do tributo e no respectivo pagamento antecipado).

Como visto, as presunções em matéria tributária devem buscar ser relativas (admitir prova em contrário), pois as presunções na forma absoluta podem mais facilmente vir a representar violação a direitos fundamentais dos contribuintes e a princípios insculpidos na Constituição Federal de 1988 (CF/1988).

---

36. PONTES DE MIRANDA, Francisco Cavalcante. *Tratado de direito privado*. 4. ed. São Paulo: RT, 1983. t. III, p. 446.

Apesar de serem preferíveis admitindo prova em contrário (relativas), em razão de haver menos risco de ofender o sistema constitucional, é perfeitamente possível estabelecer presunções absolutas sem que, contudo, haja violação à ordem constitucional vigente.

Nesse cenário, a título ilustrativo, a presunção (absoluta) criada pela Lei n. 9.718/1998, que fixa a adoção em definitivo do lucro presumido pela pessoa jurídica que optar por tal regime no cálculo do imposto de renda da pessoa jurídica. Tal opção, uma vez feita, torna-se irrefutável pela empresa. Implica dizer esta, uma vez optando por tal regime, não poderá pretender demonstrar mais adiante que o lucro obtido foi inferior ao presumido pela lei (ou o Fisco almejar perseguir eventual lucro a maior). Nessa hipótese, a presunção legal não admite prova em sentido contrário, sendo absoluta.

Como exposto, em tais presunções (absolutas) há maior espaço para ofensa a direitos fundamentais ou para violação à ordem constitucional. O exemplo revela, contudo, que esse risco nem sempre se concretiza.

Na situação ilustrada, caso o regime do lucro presumido fosse obrigatório (e não uma opção) é que restaria induvidosa tal violação. Como é dada a opção, o contribuinte tem o direito a escolher (ou não) tal sistemática, o que permite concluir que pouco importa se o lucro auferido foi inferior (ou mesmo superior) ao que fora presumido.

Não obstante isso, essa mesma circunstância pode representar ofensa ao sistema normativo jurídico, na hipótese de não haver lucro algum pela pessoa jurídica e, ainda assim, haver o pagamento de imposto de renda com base no lucro presumido.

Tal conjuntura implica a incidência (por presunção absoluta) de um tributo quando inexiste o fato gerador tributável, já que este leva em conta a receita, sem que o lucro realmente exista, o que não se harmoniza com os direitos fundamentais dos contribuintes.

Em tal panorama, salutar é a advertência de Paulo de Barros Carvalho:[37]

> Em razão das próprias especificidades do sistema tributário brasileiro, os recursos à presunção devem ser utilizados com muito cuidado. Nesse subdomínio do jurídico, não convém que a presunção mantenha atinência intrínseca com os aspectos estruturados da norma de incidência tributária. Há apenas de referir-se a elementos (situações/fatos) que possam conduzir à tipificação da figura impositiva.

Nesse cenário, cabe registrar que há entendimento doutrinário segundo o qual as presunções absolutas não podem ser aceitas na definição da hipótese de incidência. Ricardo Mariz de Oliveira[38] observa que "as presunções *juris et de jure* são inadmissíveis em direito tributário para definição do fato gerador, admitindo-se apenas as presunções relativas *juris tantum* como meios de prova [...]".

Nas presunções relativas, haverá uma relação de provável causalidade, mas esta pode ser refutada pelo contribuinte, que poderá argumentar, em sentido contrário, pela não ocorrência da circunstância presumida. O que não significa que não deva haver cuidado com sua utilização.

Decerto que também deve ser medida excepcional, pois, apesar de permitir prova em sentido contrário, traz acentuada alteração: o ônus que seria do ente político tributante (que teria de provar a ocorrência da situação presumida) é transferido à pessoa do sujeito passivo tributário; este, a partir da presunção fixada, terá o ônus de provar (com todas as dificuldades que lhe são inerentes) que a situação presumida deve ser refutada.

Incumbe registrar novamente que, independentemente da espécie presuntiva ou do sentido adotado, presunções

37. CARVALHO, Paulo de Barros. *Direito tributário, linguagem e método* cit., p. 964.

38. OLIVEIRA, Ricardo Mariz de. Presunções no direito tributário. In: MARTINS, Ives Gandra da Silva (Coord.). *Presunções no direito tributário.* São Paulo: Resenha Tributária, 1984. p. 288.

devem ser entendidas sempre como normas jurídicas. Florence Haret[39] ensina que:

> Vimos, no primeiro capítulo, os diversos conceitos de presunção nos diferentes ramos do conhecimento. No subitem referente ao direito tributário, verificamos admitir-se mais de 89 sentidos ao termo. É bem verdade que qualquer deles pode ser aplicado às presunções, desde que mantenha seu significado no plano normativo. É o que acontece quando Maria Rita Ferragut anuncia três significações ao termo: proposição, relação e fato.
>
> Proposição jurídica nada mais é do que norma de sentido deôntico completo; relação, por seu turno, representa o consequente da norma jurídica, voltadas as atenções ao vínculo interpessoal existente e inerente às associações prescritivas; e, por fim, fato, podendo significar tanto fato jurídico antecedente, isto é, ação num tempo e num espaço que dá causa jurídica ao consequente da norma ou fato relacional, que é o consequente propriamente dito. Ora, de um jeito ou de outro, sob quaisquer desses significados, manteremos a natureza normativa das presunções. E a importância dessa definição dada pela professora da PUC/SP é justamente esta: repisar que, para o direito, presunção é norma. Logo, sua natureza para o direito será sempre normativa, como unidade de sentido deôntico.

Por derradeiro, no intuito de rematar essas delimitações acerca das presunções tributárias, anota-se que estas apresentam como finalidade facilitar a obtenção de riqueza dos contribuintes, aumentando a eficácia da arrecadação e inibindo eventuais sonegações fiscais.

Por tal razão Misabel Derzi[40] entende que as presunções representam o meio que o Estado (*lato sensu*) utiliza a fim de que a execução da lei tributária seja simplificada e viável, garantido, assim, a eficiência da arrecadação tributária.

A necessidade administrativa, contudo, não pode levar à fixação de presunções como o usual (a regra) em matéria tributária. Além de ser medida excepcional, deve conservar

39. HARET, Florence. *Teoria e prática das presunções no direito tributário* cit., p. 511-512.

40. DERZI, Misabel. *Direito tributário*. Direito penal e tipo. São Paulo: RT, 1988. p. 105.

inabaláveis os princípios constitucionais tributários, a fim de não ocasionar o rompimento da tipicidade tributária, da segurança jurídica, da igualdade e da capacidade contributiva.

2.3.2 Análise das presunções como normas jurídicas

A partir da ideia fixada de presunção como texto legal (norma jurídica), surge a necessidade de serem apontados alguns desses juízos de probabilidades que foram eleitos pelo legislador para facilitar a arrecadação e diminuir a sonegação fiscal.

A análise marcada aqui é específica; restringe-se a apontar alguns exemplos de presunções extraídas do texto legal, entendidas como verdadeiras normas jurídicas compostas de um suporte fático e de um preceito normativo – facilitando a visão das presunções na incidência tributária.

Situação ilustrativa é aquela fixada pelo art. 150, § 7º, da CF/1988, comum nas legislações tributárias e conhecida como substituição tributária para frente (progressiva). Ocorre quando o tributo é cobrado antecipadamente, tendo em vista a presunção de que o fato tributável irá acontecer (o que pode nem sequer acontecer ou acontecer em maior ou menor intensidade).

Bastante combatida pela doutrina tributária[41] (por entender que a cobrança antecipada, com base em presunção, representa ofensa a direitos fundamentais dos contribuintes), tal presunção pode ser defendida como válida dentro de certos limites (consoante será destacado em capítulo posterior). Encontra, atualmente, respaldo do Supremo Tribunal Federal (STF), após este declarar a constitucionalidade do § 7º do art. 150 da CF/1988.

Observando este cenário, pode-se apontar, também, a presunção fixada pela criação do chamado regime do lucro presumido (criada pelo art. 13, *caput* e § 1º, da Lei n. 9.718/1998), possibilitando que nem todo rendimento da empresa seja tributado, mas tão somente aquele presumido pela lei.

---

41. CARRAZZA, Roque A. *ICMS*. 15. ed. São Paulo: Malheiros, 2011. p. 355.

Outra situação em que se pode conceber tal análise é aquela decorrente da presunção criada pelo art. 25 da Lei n. 9.249/1995, de que existe lucro auferido no exterior no momento em que este é distribuído. Ou seja, presume-se o lucro antes mesmo de o sujeito passivo recebê-lo, pois o lucro ainda não fora disponibilizado (tão somente fixado contabilmente).

Há, também, a presunção tributária prevista na Lei Complementar n. 87/1996 (trata do Imposto sobre Circulação de Mercadorias e Serviços – ICMS), que versa sobre a chamada entrada simbólica de mercadorias. Nesta, a circulação de mercadoria será presumida como ocorrida quando se der a transmissão contratual da mercadoria, ainda que efetivamente não aconteça a circulação da mercadoria. Em razão do contrato, é perfeitamente possível adotar um juízo de probabilidade/possibilidade de que a mercadoria sairá do estabelecimento vendedor.

Ainda no âmbito estadual, as legislações estaduais definem, usualmente, como interna a operação de venda de mercadorias quando não comprovada a saída para outro Estado da federação. Tal circunstância revela também um exemplo de presunção fixada em textos legais estaduais.

Ainda na esfera estadual é possível verificar a fixação de presunção na cobrança de Imposto sobre a Transmissão *Causa Mortis* e Doação (ITCMD) no caso de inventário por morte presumida, que constitui uma regra temporal do direito civil com repercussão na esfera tributária.

É comum, também, a presença de presunções nas plantas genéricas do Imposto sobre a Propriedade Territorial Urbana (IPTU), pela qual o ente municipal tributante fixa os valores prováveis que os imóveis terão em uma transação à vista. Corresponde, assim, a um preço provável fixado a partir de uma sistemática de avaliação em massa.

Por fim, cumpre esclarecer que todas as normas jurídicas de presunção devem estreita obediência aos princípios constitucionais e aos direitos fundamentais dos contribuintes. Assim, há limitações a ser observadas na criação de presunções e que serão estudadas no item quatro do presente estudo.

3. PRATICIDADE FISCAL

O presente capítulo busca demonstrar, por um lado, o importante papel que os tributos assumem nas finalidades institucionais do Estado e, por outro lado, a adoção crescente da padronização fiscal como um modelo que acarreta a adequada execução das normas tributárias, por torná-la simplificada e permitir a efetivação da igualdade tributária.

Assim, inicialmente convém destacar que o Estado, uma vez criado, assume um papel de protagonista na escolha e atendimento das necessidades de interesse de toda a coletividade que ali se encontra inserida. Em um Estado Social e Democrático de Direito (como o brasileiro), tais necessidades trazem em seu bojo, de forma inafastável, direitos sociais/fundamentais que devam ser garantidos e/ou buscados pelo Estado brasileiro.

Nesse cenário, os tributos representam a principal forma de obtenção dos recursos necessários para fazer frente ao atendimento das necessidades públicas e da consequente garantia de efetivação dos direitos fundamentais dos contribuintes.

Se, por um lado, o Estado possui o poder de exigir os tributos criados validamente, por outro, os contribuintes passam a ter um dever fundamental de pagar tais exações tributárias, sob pena de os fins estatais não serem alcançados e de os direitos fundamentais dos contribuintes não se concretizarem. O que significa que o Estado tem o poder de criar os tributos previstos pela ordem jurídica e, como contraponto, os contribuintes possuem o dever fundamental de pagar os tributos.

Tendo em vista tal quadro, verifica-se que o Estado possui, atualmente, um elevado número de tributos para fazer frente às inúmeras e ilimitadas necessidades públicas a que tem de atender. Entretanto, constata-se que há pouca eficiência estatal na fiscalização e no recebimento de tais tributos.

Por força disso, mecanismos legais que buscam trazer uma padronização fiscal são bem-vindos, por conferirem soluções práticas que permitem uma maior eficiência e simplificação nas relações jurídicas tributárias, possibilitando como fim último que a igualdade tributária seja preservada.

As técnicas de padronização são conhecidas como praticidade ou praticabilidade fiscal, e denotam normas que buscam uma simplificação da legislação tributária, sendo fixadas mediante presunções, ficções, mecanismos de simplificação e na privatização da gestão tributária.

Com efeito, dessa compreensão resulta a indispensável percepção de que os textos legais (normas jurídicas) são destinados para que as necessidades públicas sejam atendidas pelo Estado. Por tal razão, tais textos têm de se referir a essa atual realidade (pouca eficiência na administração tributária), fixando mecanismos aptos a atender à necessidade social (mediante soluções práticas, eficientes e simplificadas).

Daí por que os textos legais devem atingir a realidade social, pois, como esclarece Alfredo Augusto Becker:[42]

> O direito positivo não se mantém em estado de "ideal descarnado", pois o direito positivo só existe referindo-se à realidade social. A regra jurídica nasce na oportunidade de conflitos e situações sociais em que o Estado quer intervir. A regra jurídica deve ser construída, não para um mundo ideal mas para agir sobre a realidade social. Não se pode conceber outro direito positivo a não ser aquele destinado para este mundo onde nós vivemos.

---

42. BECKER, Alfredo Augusto. *Teoria geral do direito tributário*. 3. ed. São Paulo: Lejus, 1998. p. 72.

> Se for desejado e concebido um direito positivo para um mundo imaginário ideal, o resultado será – é verdade – um Direito Positivo do outro mundo, mas também será para aquele Outro mundo.

Tal lógica pode ser constatada, por exemplo, com o surgimento da Lei n. 11.457/2007, originada do Projeto de Lei n. 6.272/2005. que criou a Receita Federal do Brasil (RFB), unificando os tributos que eram administrados pela Secretaria da Receita Federal (SRF) e as contribuições previdenciárias administradas pela Secretaria da Receita Previdenciária (SRP). Nas razões do mencionado projeto de lei, percebe-se a busca pela simplificação, eficiência, racionalização da estrutura e diminuição de custos, permitindo uma melhor aplicação da lei tributária.

Desse modo, torna-se imprescindível a compreensão das bases teóricas da técnica de padronização fiscal, nos tópicos subsequentes, para que, no capítulo posterior, seja possível apontar eventuais excessos e/ou limitações que possam existir.

3.1 A relação entre Estado e tributo: poder e dever

O Estado surgiu com a finalidade precípua de regrar a vida em sociedade e atender às mais variadas necessidades que o convívio em coletividade acarreta. No que diz respeito ao atendimento de tais necessidades, o Estado depende necessariamente da obtenção de recursos monetários para fazer frente às despesas que serão realizadas para efetivar o interesse coletivo.

Em razão disso, os Estados buscam inúmeras maneiras de obter receitas; os tributos representam a principal forma de obtenção dos valores necessários para atender aos seus objetivos institucionais. Assim, esclarece Luiz Eduardo Schoueri[43] que "a existência de um Estado implica a busca de recursos necessários para sua manutenção. Historicamente, pode-se contemplar a existência de tributos desde tempos imemoriais".

43. SCHOUERI, Luiz Eduardo. *Direito tributário*. São Paulo: Saraiva, 2012. p. 17.

Somente por meio dessas prestações pecuniárias compulsórias (tributos) é que o ente político consegue realizar o interesse público, assegurando a efetividade dos direitos fundamentais. Por força disso, é que se pode afirmar que o Estado tem o poder para exigir os tributos. Correlato a tal poder estatal existe o respectivo dever, ou seja, os contribuintes passam a ter o dever fundamental de pagar os tributos exigidos pelo Estado.

Surge aqui a ideia de um Estado fiscal e, também, solidário, uma vez que o poder estatal de exigir tributos e o correlato dever de os pagar são meios imprescindíveis à consecução das necessidades ou direitos sociais; daí por que é um dever de todo sujeito passivo pagar o tributo exigido pelo Estado.

Nessa linha de pensamento, esclarece Manoel Cavalcante Lima Neto[44] que:

> O dever de contribuir reflete uma sujeição dos cidadãos ao comando constitucional e ao mesmo tempo implica o reconhecimento de um poder para exigência do dever que se exercita, com observância dos limites constitucionais formais e materiais. É que esse poder tributário visto pelo lado do seu titular activo, consubstancia-se na atribuição ao legislador de um poder – o poder tributário (ou fiscal) para a criação, instituição ou estabelecimento de impostos, isto é, o poder tributário em sentido estrito ou técnico.

Ressalte-se que o dever de pagar tributo encontra-se interligado ao conjunto de enunciados normativos criados pelo Estado para regrar a vida em sociedade e está insculpido na própria premissa de um Estado fiscal e solidário, estabelecida pelo texto constitucional brasileiro em vigor.

A atual Constituição Federal de 1988 trouxe uma série de direitos e garantias; por tal razão é que os recursos necessários à implementação desses direitos e garantias (mais precisamente os tributos) assumem um papel de destaque no texto constitucional.

---

44. LIMA NETO, Manoel Cavalcante de. *Direitos fundamentais do contribuintes:* limitações constitucionais ao poder de tributar. Recife: Nossa Livraria, 2005. p. 32-33.

Por força disso a Constituição Federal expressamente tratou do poder de tributar no Sistema Tributário Nacional (arts. 145 a 162), deixando bem claro o importante papel da tributação, criando um verdadeiro Estado Fiscal (mais precisamente, um Estado Democrático e Social de Direito).

O preâmbulo e a norma inaugural (art. 1º) da Constituição Federal de 1988 expressamente esclarecem que se trata de um Estado Democrático de Direito. Como assevera José Canotilho,[45] já que "o Estado de direito democrático é um Estado de direitos fundamentais", o texto constitucional em vigor dispõe sobre uma série de direitos e garantias fundamentais.

O Estado brasileiro encontra-se fundado em direitos que não podem ser alterados e visam amparar o indivíduo contra eventuais arbítrios do Estado. Desse modo, além de democrático de direito, é tido como um Estado social, já que alcança, como ensina Nabais,[46] a finalidade de "conformação da sociedade".

Por ser o Brasil um Estado fiscal e solidário, o dever de pagar tributos é de extrema importância para a manutenção da vida em sociedade. Essa percepção, porém, não é facilmente compreendida pela sociedade, uma vez que os tributos historicamente significam uma elevada carga negativa, sendo tidos como uma verdadeira ameaça ao patrimônio individual dos contribuintes.

Apesar de tal acepção negativa, o dever de pagar tributos deve ser enquadrado numa indispensável concepção positiva, pois é algo necessário à consecução dos interesses de toda a sociedade. Ainda que haja distorções, arbitrariedades ou excessos (que devem ser afastados), tal dever necessita ser tido como algo necessário para toda a sociedade, pois possibilita que os fins do Estado sejam alcançados e, assim, sejam efetivados os direitos sociais fundamentais.

---

45. CANOTILHO, José Joaquim Gomes. *Direito constitucional e teoria da Constituição*. Coimbra: Almedina, 2002. p. 97.

46. NABAIS, José Casalta. *O dever fundamental de pagar tributos.* Coimbra: Almedina, 2004. p. 573.

O dever de pagar tributo corresponde, assim, a um verdadeiro contraponto dos direitos fundamentais sociais previstos na Constituição Federal. Nesse sentido, Manoel Cavalcante de Lima Neto[47] esclarece que:

> Com efeito, constata-se que na Constituição Federal do Brasil o dever de pagar imposto não se encontra afirmado expressamente, mas a sua pertinência extrai-se implicitamente dos aspectos pormenorizados do Sistema Tributário Nacional, assim como dos demais preceitos que conformam o Estado Fiscal.
>
> O dever de pagar imposto apresenta-se como um dever fundamental que tem sua disciplina traçada na Constituição, num contraponto com os direitos que ela assegura.

O dever fundamental de contribuir, pagando o tributo criado com base na Constituição Federal, interessa ao cidadão e ao Estado, pois permite que os direitos fundamentais sociais sejam efetivados, além de possibilitar que direitos fundamentais dos contribuintes (como o direito à propriedade e à livre-iniciativa econômica) também sejam alcançados.

Como ensina José Casalta Nabais,[48] os deveres fundamentais interessam a toda a sociedade e, por isso, correspondem à exigência da própria coletividade, não se revelando uma exigência estatal arbitrária ou desmedida:

> Nestes termos, podemos definir os deveres fundamentais como deveres jurídicos do homem e do cidadão que, por determinarem a posição fundamental do indivíduo, têm especial significado para a comunidade e podem por esta ser exigidos.

Ocorre que o poder estatal de exigir o tributo (e o consequente dever de pagar), em razão das ilimitadas necessidades públicas e da má administração/aplicação dos recursos carreados, tem sido exercitado de maneira crescente, ocasionando o

---

47. LIMA NETO, Manoel Cavalcante de. *Direitos fundamentais do contribuintes:* limitações constitucionais ao poder de tributar cit., p. 30-31.

48. NABAIS, José Casalta. *O dever fundamental de pagar tributos* cit., p. 64.

agigantamento e a complexidade do sistema tributário. Chega ao ponto de o Estado não conseguir executar as inúmeras normas tributárias existentes de forma adequada e/ou eficiente.

Tal situação, induvidosamente, ocasiona transtornos irremediáveis. Pois, ainda que diversos tributos sejam criados validamente – na perspectiva de permitir a implementação dos interesses da sociedade (seja dentro de uma típica função fiscal, seja em uma finalidade extrafiscal) –, a falta de cumprimento (ou a inadequada execução) termina por impedir a satisfação dos interesses sociais almejados pelo Estado e torna, não raro, a tributação ineficiente, injusta e desigual.

É cogente, portanto, a criação de mecanismos que permitam ao Estado fiscalizar e garantir o recebimento dos inúmeros tributos criados por lei, desse modo viabilizando que as normas jurídicas veiculadoras dos tributos sejam aplicadas adequadamente.

Para tanto, o mecanismo utilizado tem sido a criação de padrões fiscais que simplificam a execução da norma tributária, tornando possível uma igualdade tributária, conforme será visto nos tópicos seguintes.

3.2 Padrões fiscais: noções gerais

Almejando a correta execução da norma tributária, faz-se necessária a busca pela simplificação desta, mediante a adoção de diversas formas de padronização fiscal. Tal opção acarreta como consequência uma maior eficiência da fiscalização tributária no cumprimento das obrigações tributárias, e assim afastar ou diminuir a sonegação fiscal.

Nesse cenário, tais padrões fiscais têm sido chamados de pragmatismo fiscal, de praticabilidade tributária ou, ainda, de praticidade fiscal. Como esclarece Regina Helena Costa,[49] tal

49. COSTA, Regina Helena. *Praticabilidade e justiça tributária.* São Paulo: Malheiros, 2007. p. 53.

medida "pode ser traduzida, em sua acepção jurídica, no conjunto de técnicas que visam a viabilizar a adequada execução do ordenamento jurídico".

Bruno Fernandes[50] defende a praticidade como uma técnica que possibilita a adoção de instrumentos simplificadores da lei, conferindo eficiência à fiscalização tributária e permitindo o cumprimento das obrigações tributárias.

Em igual trilha de pensamento, Misabel Derzi[51] assim conceitua a praticidade fiscal:

> [...] o nome que se dá a todos os meios e técnicas utilizáveis com o objetivo de tornar simples e viável a execução das leis. Como princípio geral de economicidade e exequibilidade, inspira o direito de forma global. Toda lei nasce para ser aplicada e imposta, por isso não falta quem erija a praticabilidade a imperativo constitucional implícito.[...]
>
> A praticabilidade é princípio implícito e difuso na Constituição e tem como objetivo garantir o cumprimento e a execução das leis, da forma mais simples e cômoda. [...] Mas a praticabilidade tem seus limites e não pode conduzir ao arbítrio ou à ofensa de fundamentais princípios e garantias como a igualdade e a capacidade contributiva, normas intocáveis e imodificáveis por meio da emenda constitucional (art. 60, § 4º).

Com base nessas ideias, pode-se asseverar que a praticidade fiscal está relacionada diretamente com a adequada execução da lei tributária. Apresenta-se como uma configuração para tornar o Estado mais eficiente e ágil com a obtenção de resultados que permitam visualizar a aplicação da norma tributária de forma mais econômica e igualitária.

Um Estado célere e econômico não só traduz a ideia de credibilidade e confiabilidade; representa, também, a imagem da eficiência, da igualdade e da justiça social e/ou fiscal, tendo

---

50. FERNANDES, Bruno Rocha Cesar. Praticidade no direito tributário: princípio ou técnica? Uma análise à luz da justiça fiscal. *Revista de Estudos Tributários*, Porto Alegre: IOB, n. 56, p. 98-99, jul./ago. 2007.

51. DERZI, Misabel. *Direito tributário*. Direito penal e tipo cit., p. 138-139.

em vista que o interesse público (a ser pugnado pela atividade estatal) será atingido de maneira menos onerosa e mais eficiente, alcançado por um número maior de contribuintes ou responsáveis tributários.

Isso dificilmente será obtido por uma legislação tributária não padronizada (individualizada), já que esta terá de tratar de inúmeras situações a serem detalhadas, tornando a norma jurídica tributária complexa e de difícil execução pela Administração Pública.

Justifica-se, assim, a padronização fiscal pela dificuldade ou onerosidade que a não adoção de tais padrões acarreta. É salutar – no que diz respeito à justificativa do emprego de tal técnica de simplificação – a advertência de Humberto Ávila:[52]

> As normas que utilizam padrões fiscais (pautas, tabelas, plantas) são normas com finalidade simplificadora (*Vereinfachungszwecknormen*). A justificativa para a sua adoção é a suposta impossibilidade ou extrema onerosidade para fiscalizar cada operação individual. Essas normas procuram tornar a fiscalização de tributos mais ágil e econômica.

Não há dúvida da atual necessidade de os Estados adotarem padrões fiscais, pois a praticidade fiscal irá garantir a efetividade do dever de pagar os tributos. Compartilhando tal linha de pensamento, Misabel Derzi[53] acrescenta:

> O emperramento das máquinas administrativa e judicial do Estado são desafios de difícil solução, cada vez mais acentuados em função de fatores como a explosão demográfica brasileira, a conscientização político-jurídica da população, o progresso e as formas e técnicas sofisticadas de tributação [...] tornando prementes as exigências de praticabilidade.

A praticidade fiscal tem sido instrumento cada vez mais utilizado, mesmo porque não somente o engessamento da

52. ÁVILA, Humberto. *Teoria da igualdade tributária.* 2. ed. São Paulo: Malheiros, 2009. p. 88.

53. DERZI, Misabel. *Direito tributário.* Direito penal e tipo cit., 1988, p. 290-291.

estrutura administrativa e judicial reclama por ela, mas também porque a própria aplicação da norma é permeada por dificuldades que são atenuadas pela fixação de padrões gerais fiscais pelo legislador.

Diante desse quadro, José Casalta Nabais[54] observa:

> [...] sempre que tais dificuldades sejam reais e importantes, há justificação constitucional para lançar mão das técnicas de simplificação, designadamente da tipificação, já que o legislador está constrangido a generalizar ou estandardizar a fim de tornar a disciplina jurídico-fiscal praticável, sendo-lhe, por conseguinte, permitido escolher, por razões de praticabilidade, bases *forfaitaires*, em vez dum critério ancorado na realidade da situação individual, satisfazendo-se assim com uma justiça tipificada.

Permite, portanto, a aplicação da norma a várias situações, em vez de individualizar, pela fixação e utilização de mecanismos de padronização geral. Desse modo, torna a fiscalização e a arrecadação eficientes, o que autoriza concluir que a norma tributária estará sendo exequível.

Tal indispensabilidade pode ser sintetizada por um estado de necessidade administrativo e pela uniformidade da tributação, como esclarece Misabel Derzi.[55] Significa dizer que as práticas de simplificação são inevitáveis, atualmente, pois existe uma disparidade entre a necessidade de a administração fiscalizar e a capacidade que ela tem para realizar tal atividade (estado de necessidade administrativo). A escolha de padrões gerais fiscais confere um tratamento igual para todos os fatos, inclusive os desiguais (uniformizando a tributação).

Ainda que haja o clamor administrativo e a referida necessidade, é comum a reclamação do sujeito passivo no sentido de que a simplicidade dos padrões fiscais acaba tornando a tributação injusta ou desigual, ao não observar as peculiaridades de cada indivíduo envolvido na tributação.

54. NABAIS, José Casalta. *O dever fundamental de pagar tributos* cit., p. 624.

55. DERZI, Misabel. *Direito tributário*. Direito penal e tipo cit., 1988, p. 180-181.

Contudo, também é corriqueiro os sujeitos passivos dos padrões fiscais afirmarem que a lei, por ser geral e padronizada, não pode ser individualizada pela fiscalização tributária, devendo ser aplicada igualmente, sem observar o destinatário da norma jurídica tributária.

Apesar da inafastável necessidade da adoção da padronização fiscal, importante perceber que deve haver a preservação dos direitos fundamentais dos contribuintes, a fim de que tais direitos não sejam aniquilados pelo Estado "prático".

A tributação, mediante a praticidade fiscal, não deve ser vista como ilimitada, pois, como assevera Ricardo Lobo Torres:[56]

> O poder de tributar nasce no espaço aberto pelos direitos humanos e por eles é totalmente limitado. O Estado exerce o seu poder tributário sob a permanente limitação dos direitos fundamentais e de suas garantias constitucionais. O tributarista e constitucionalista alemão G. Wacke diz que é uma revolução no Direito Tributário (*Revolution in Steuerrecht*) a vinculação das imposições aos direitos fundamentais [...].

Assim, na padronização fiscal, o Estado não pode agir imoderadamente, desrespeitando direitos fundamentais dos contribuintes. É preciso destacar, desde já, que tais padrões fiscais devem ser realmente necessários, não podendo haver excessos. Devem-se adotar elementos realmente aptos a simplificar a tributação e que não venham a afrontar direitos fundamentais dos contribuintes e a ordem constitucional vigente.

Registre-se que o Estado, ao impor padrões gerais, deve agir com o desiderato de buscar fazer com que todos (que se encontram em uma situação e que tenham capacidade de contribuir) participem efetivamente da tributação. Pois de nada adiantaria se somente uns poucos contribuíssem e a maioria, apesar de submetida à tributação, não agisse de igual maneira,

56. TORRES, Ricardo Lobo. *Tratado de direito constitucional financeiro e tributário*. v. III: *Os direitos humanos e a tributação:* imunidades e isonomia. 3. ed. Rio de Janeiro: Renovar, 2005. p. 14.

o que, inevitavelmente, resultaria na inadequada execução do sistema constitucional tributário.

A justificativa maior da praticidade, portanto, é assegurar a eficácia da lei tributária, pois "la función de las leyes no es la de declarar simplemente principios morales o de justicia, Las leyes tienem funciones directivas y deben conseguir los objetivos que pretendem; en ese caso son efectivas",[57] como ensina Albert Calsamiglia.[58]

A praticidade fiscal possibilita a eficácia jurídica da norma tributária, pois, ao fixar determinada técnica, permite que a fiscalização tributária seja mais célere/econômica/eficiente, o que representa, naturalmente, uma maior arrecadação dos tributos criados regularmente por lei.

Inevitavelmente, assim, conduz à concretização dos objetivos da tributação, permitindo uma eficiente arrecadação e a observância dos contornos da justiça social e fiscal, ao alcançar um maior número de contribuintes e arrecadar de maneira mais justa/eficiente.

Permite, desse modo, que a lei tributária seja cumprida pelo sujeito passivo (contribuinte ou responsável tributário) e que a fiscalização tributária seja possível de ser praticada. Caso seja impraticável fiscalizar e não havendo o adimplemento da obrigação tributária, restará sem sentido todo e qualquer documento normativo veiculador de tributos e, inevitavelmente, será violada a igualdade tributária.

3.3 Finalidade precípua da praticidade fiscal: a igualdade

A onerosidade, a complexidade e a ineficiência da máquina estatal impõem a utilização de padrões fiscais pelo Estado

57. "a função das leis não é a de declarar simplesmente princípios morais ou de justiça. As leis têm função diretiva e devem conseguir os objetivos que pretendem; e nesse caso são efetivas" (tradução do autor).

58. CALSAMIGLIA, Albert. Eficacia y Derecho. *Cuardenos de Filosofia del Derecho.* Disponível em: https://cutt.ly/onWdNAU. Acesso em: 1º set. 2014, p. 282.

como meio de possibilitar uma atuação mais eficiente, célere e de menor custo econômico. Contudo, a simplicidade, a economia e a eficiência da tributação não devem ser vistas como as únicas finalidades da praticidade fiscal.

Em verdade, elas representam as naturais e inafastáveis finalidades e consequências que advêm da utilização de padrões fiscais. É isso que o legislador e a Administração almejam quando fixam padrões fiscais nos textos legais.

Contudo, deve-se atentar, seguindo o raciocínio exposto por Humberto Ávila,[59] que a finalidade precípua deste mecanismo de simplificação é a realização da igualdade geral a ser obtida pela execução adequada da norma jurídica tributária.

Ainda que esse não seja o objetivo imediato pretendido pelo legislador e pela Administração Pública, é a igualdade geral a principal finalidade e consequência dos padrões fiscais. Um Estado mais eficiente revela a imagem de que a justiça e a igualdade estão sendo alcançadas, tendo em vista que a norma tributária estará sendo executada de maneira mais apropriada e atingindo um número maior de indivíduos sujeitos à tributação.

O que significa dizer que buscar uma tributação mais eficiente, célere e com um custo menor refere-se, em última razão, à igualdade geral. Daí ser importante fixar um entendimento apropriado em relação ao que vem a ser exatamente esta igualdade tributária perseguida pela praticidade fiscal, até mesmo para que seja possível conceber um modelo a ser buscado pelos padrões fiscais, objetivando atingir tal desiderato.

A concepção de igualdade buscada pela praticidade fiscal é a de uma igualdade geral, e não de uma igualdade individual. Sob a perspectiva de uma igualdade individualizada, a norma tributária deve observar as peculiaridades dos contribuintes ou das situações em que este se encontra e que os diferenciam uns dos outros. É, assim, uma igualdade que busca conferir o tratamento diferente ao contribuinte, na exata proporção

59. ÁVILA, Humberto. *Teoria da igualdade tributária* cit., p. 91.

em que as particularidades dele evidenciam tais diferenças. Assim, o afastamento ou o esquecimento de uma dessas particularidades pode tornar a tributação injusta ou desigual.

Já a percepção da igualdade geral afasta-se das particularidades de cada indivíduo por entender que a igualdade é atingida quando a norma jurídica confere tratamento tributário aos contribuintes a partir de qualidades presentes na maior parte das situações, tomando-se como base a adoção de um padrão legal.

A ideia advém da complexidade, onerosidade e da impossibilidade de observar cada contribuinte isoladamente (como um caso único e, assim, sucessivamente). Até mesmo porque a criação desses padrões legais permite que o aplicador da norma jurídica tributária não tenha como agir de maneira discricionária e, por consequência, arbitrária na execução da norma jurídica. Daí por que a igualdade geral pugna pela desconsideração das individualidades, a fim de adotar padrões que norteiem a maioria dos casos.

Não se pode olvidar, contudo, que é comum a existência de um embate envolvendo a igualdade geral e a individual, a ponto de suscitar diversos questionamentos que convergem sempre para qual igualdade deverá prevalecer ou ser adotada, como ensina Humberto Ávila:[60]

> Como, porém, resolver esse conflito entre a igualdade geral e a igualdade individual? Ou, em outras palavras, quando a mercadoria for vendida por um valor diferente daquele presumido pelo legislador, o imposto deve ser pago com base no valor real ou no valor presumido? Quando o automóvel tiver um valor diverso daquele constante da tabela de preços do Estado, o imposto deve ser pago com base no valor geral ou no valor individual? Quando o imóvel alcançar um preço de mercado diverso daquele previsto na planta geral de valores do Município, o imposto deve ser pago pelo valor do padrão ou pelo valor da avaliação individual? Quando os gastos do contribuinte com educação, saúde ou com dependentes forem maiores do que aqueles previstos pelos padrões

60. ÁVILA, Humberto. *Teoria da igualdade tributária* cit., p. 84.

> legais de dedução, o imposto deve ser pago com a consideração dos limites gerais ou com a sua desconsideração? Essas e outras indagações remetem a discussão a uma escolha entre um modelo de tratamento isonômico, segundo o qual o contribuinte é tratado de modo diferente na medida em que ele se diferencia dos demais, e um tipo de tratamento igualitário, por meio do qual o contribuinte é tratado igual aos outros, mesmo que ele seja diferente.

A solução a esse conflito (e a todas essas indagações) deve ser dada pela adoção de um modelo teórico que busque compatibilizar tais igualdades em consonância com o texto constitucional em vigor, de modo que uma não exclua ou elimine a outra, como se fossem inconciliáveis.

Nesse panorama, é de grande valia o arquétipo revelado por Humberto Ávila[61] e rotulado como um "modelo moderado de igualdade particular procedimentalizado", pelo qual, em regra, as particularidades dos sujeitos passivos tributários devem ser observadas. Pode tal regra ser deixada de lado, contudo, quando não for possível realizar o exame de tais individualidades, por ser excessivamente oneroso ou impossível de ser feito, e, assim, a análise das particularidades acarretarem mais abstração do que individualidade.

Por esse modelo, as duas igualdades coexistem, apesar de ser possível a prevalência de uma sobre a outra, a depender da maior ou menor onerosidade ou da possibilidade (ou impossibilidade) de examinar as particularidades do sujeito passivo tributário. Não há, dessa forma, um abandono da igualdade individual, mas sim uma abertura à possibilidade de que esta, como regra, possa ser excepcionada quando excessivamente onerosa ou for impossível a individualização.

A igualdade geral assegura a igualdade tributária por impor padrões que norteiam situações existentes na maioria dos fatos praticados. Evidente, contudo, que mesmo nas situações em que deva haver a criação de padrões (igualdade geral), a igualdade individual não é esquecida. Esta funcionará como um contrapeso,

61. ÁVILA, Humberto. *Teoria da igualdade tributária* cit., p. 85 e 110.

e por tal razão é que os padrões (1) devem conter cláusulas de retorno e (2) os fatos padronizados devem ser confrontados de maneira prévia e posterior à padronização, a fim de observar se realmente constituem (ou continuam representando) sinais do que ocorrem na maior parte das situações reais.

O modelo é moderado, assim, porque a igualdade individual pode ceder espaço à igualdade geral. É também um modelo procedimentalizado, como explica Humberto Ávila:[62]

> Ele deve ser compreendido, também, como um modelo procedimentalizado. Isso porque o padrão só deixará de ser aplicado ao caso concreto se as diferenças entre o fato presumido e o ocorrido forem de grande alcance, extensão e intensidade, ou se elas forem de uma qualidade tal, que tenham um impacto disparatado relativamente a algum contribuinte específico. Se assim é, porém, o padrão só deixará de ser aplicado se presentes esses requisitos. Esses requisitos, todavia, deverão obedecer a um procedimento de fundamentação e comprovação.

A ideia é a de que o padrão pode ser superado se acarretar uma desigualdade (considerando o indivíduo isoladamente), desde que seja observado um procedimento pelo qual: (1) sejam expostos os motivos (fundamentos) para o afastamento de modo a ser revelada uma grande diferença entre o fato padrão e o efetivamente ocorrido; (2) haja a comprovação da referida diferença por meio de documentos ou perícias que a confirmem.

Este "modelo moderado de igualdade particular procedimentalizado", ao permitir a convivência entre as duas acepções de igualdade (individual e geral), encontra-se em total conformidade com o texto constitucional em vigor.

Como observado por Humberto Ávila,[63] a Constituição Federal de 1988 conferiu destaque à igualdade individual: quando prestigia a capacidade contributiva (art. 145, § 1º), quando prevê o fato gerador presumido (art. 150, § 7º) e ga-

---

62. ÁVILA, Humberto. *Teoria da igualdade tributária* cit., p. 110.

63. Idem, p. 85-87.

rante a restituição dos valores pagos caso a presunção não vier a ocorrer (demonstrando que a igualdade geral tem na igualdade individual um verdadeiro contraponto).

É perfeitamente válido (constitucional) afastar-se de igualdade individual quando, comprovadamente, for impossível ou extremamente oneroso à Administração Pública manter-se presa a essa regra. O próprio fato gerador presumido (art. 150, § 7º) evidencia (mesmo assegurando a regra como contraponto) que é possível utilizar-se de padrões fiscais a fim de facilitar a administração tributária. Isso, como visto, implica a ideia de igualdade geral (finalidade almejada pela praticidade fiscal), a ser atingida pela adequada e justa execução da norma jurídica tributária.

Nesse sentido, importante padrão fiscal pode servir de ilustração para o entendimento das ideias já expostas: aquele previsto pela Lei n. 9.250/1995, no Art. 8º, inciso II, cujos itens fixam um valor máximo de dedução com despesas com instrução (do contribuinte e seus dependentes), que deve ser observado no cálculo do imposto de renda a ser pago pelas pessoas físicas (IRPF).

Diz a referida lei que, por exemplo, no ano-calendário de 2015 somente poderão ser deduzidos o valor máximo de R$ 3.561,50 (três mil, quinhentos e sessenta e um reais e cinquenta centavos), o que perfaz, ao longo do ano, a presunção de que a quantia média gasta com instrução é no valor R$ 296,79 (duzentos e noventa e seis reais e setenta e nove centavos).

Independentemente, nesse momento, da discussão que envolve a validade do valor que fora legalmente presumido como o valor médio que os sujeitos passivos tributários têm tido com educação (própria ou de seus dependentes), é indiscutível que a Administração Pública pode fixar padrões dessa natureza a serem observados pelos contribuintes, justamente porque a não criação de um padrão aqui mostra-se excessivamente onerosa ou impossível de ser individualizada de forma isonômica a cada situação.

Ocorre que a referida quantia máxima a ser observada, tendo em vista a média gasta com instrução, pode mostrar-se excessivamente injusta no caso de os gastos com educação, em determinado local, serem comprovadamente superiores ao montante máximo fixado pela lei.

Desse modo, importante registrar que o Conselho Federal da OAB[64] propôs uma Ação Direta de Inconstitucionalidade questionando a validade dessa presunção fixada pela Lei n. 9.250/1995, na redação dada pela Lei n. 12.469/2011. Cabe anotar que a referida ação não busca discutir a possibilidade legal da utilização de tal presunção, mas sim questionar a constitucionalidade do valor fixado como a média dos gastos que ocorrem efetivamente com instrução pelos contribuintes e seus dependentes.

De igual modo, a dedução a título de despesas com saúde, prevista na mesma legislação do imposto de renda, pode revelar-se injusta e desigual no caso, por exemplo, do contribuinte que tiver como dependente um filho portador de uma enfermidade rara e que exige um tratamento médico altamente complexo e de elevado custo monetário com a aquisição de remédios, cujo gasto não pode ser deduzido do imposto de renda.

Em situações como tais é que o parâmetro adotado – o "modelo moderado de igualdade particular procedimentalizado" – permite que a igualdade individual sirva de contraponto à igualdade geral do padrão fixado e sejam analisadas tais particularidades pela tributação. Para tanto, é necessário, como visto, que haja uma adequada fundamentação das razões que permitem afastar o padrão (sem fazê-lo ruir perante os demais casos) e a comprovação, por meio de documentos ou perícias, de tais situações.

Interessante é a ilustração escolhida por Humberto Ávila[65] que serve para retratar as ideias aqui desenvolvidas:

---

64. Ação Direta de Inconstitucionalidade 4.927/DF. Relatora Ministra Rosa Weber. *DJe* 18.04.2013. Disponível em: https://cutt.ly/DnWcvto.

65. ÁVILA, Humberto. *Teoria da igualdade tributária* cit., p. 80.

> Platão, em seu livro *O Político*, conta a história do estrangeiro de Elea, que mantém um diálogo com Sócrates a respeito da situação em que um médico e um instrutor físico têm de se ausentar do seu local de trabalho e, em razão disso, deixam diretrizes a serem seguidas pelos seus pacientes durante a sua ausência. Exatamente porque eles estão afastados e, por conseguinte, não podem decidir, a cada momento, o que é melhor para seus pacientes, é que eles deixam diretrizes. Ao contrário das decisões de um capitão de navio, que pode decidir, diante de cada nova situação, o que é melhor para sua tripulação, ao médico e ao instrutor só resta deixar instruções gerais. Se, no entanto, lhes fosse permitido o retorno, aduz o diálogo de Platão, seria uma injustiça (*injustice*) não retificar as ordens antes prescritas.

A ilustrada situação, objeto de preocupação do filósofo clássico, demonstra que quando a individualização é impossível ou extremamente onerosa de ser feita (em razão da ausência dos referidos profissionais), devem ser adotados padrões de condutas que ocorrem na maioria das situações (diretrizes gerais) e necessitam ser corrigidas, quando se mostram sobremaneira injustas ou desiguais.

Dessa maneira, somente visualizando a eficiência, a economia e a simplicidade da tributação, ao lado da igualdade geral (dentro desse modelo proposto), como finalidades dos padrões fiscais, é que será possível abandonar a igualdade individual, pois, se a finalidade dos padrões fiscais ficar restrita à eficiência/economia/simplicidade, decerto que situações tais como a ilustrada anteriormente não poderiam ser superadas se estivessem trazendo uma melhor eficiência à máquina estatal.

Assim, devem ser visualizadas ao lado da igualdade geral como sendo as finalidade/consequências da utilização dos padrões fiscais, quando a igualdade individual mostrar-se difícil de ser alcançada (por ser excessivamente onerosa ou impossível de executá-la).

3.4 Elementos estruturais condicionantes das padronizações fiscais

A adoção pelo presente trabalho, no tópico anterior, do chamado "modelo moderado de igualdade particular procedimentalizado", impõe a aceitação de elementos estruturais condicionantes imprescindíveis a todo e qualquer padrão fiscal. Tais elementos são indispensáveis por se revelarem verdadeiros pressupostos essenciais que permitem atestar se determinado mecanismo de praticidade fiscal encontra-se em consonância (ou não) com a finalidade pretendida e, assim, promovem a adequada execução da norma jurídica tributária.

A análise desses elementos é indispensável para a correta utilização do modelo proposto, que anuncia a coexistência da igualdade individual com a igualdade geral, de modo que: (i) a individualização deve ser visa como a regra; (ii) a generalização pode afastar a individualização quando esta for extremamente onerosa ou impossível de ser realizada; (iii) a generalização deverá ter como contraponto a individualização, sendo permitida a superação da primeira no caso de, justificada e comprovadamente, ficar patente que o padrão geral acarreta algo injusto ou desigual a determinada situação.

Tal linha de pensar conduz à premissa segundo a qual a igualdade geral, objetivada por determinado mecanismo de praticidade fiscal, somente será aceitável se presentes certos elementos estruturais condicionantes. A ausência de qualquer um dos deles permite que a generalização seja superada, comprovando que a manutenção do padrão traz desigualdade e, assim, que a igualdade individual deve sobrepor-se à generalização.

Tais elementos condicionantes ou pressupostos podem ser extraídos, *mutatis mutandis*, a partir das justificações ilustradas por Misabel Derzi,[66] a saber: instrumento de defesa, uniformidade, estado de necessidade e relatividade.

Os padrões fiscais, para serem aptos a atingir seu desiderato, devem servir de instrumentos de defesa da esfera individual das pessoas. A padronização serve justamente

---

66. DERZI, Misabel. *Direito tributário*. Direito penal e tipo. 2. ed. São Paulo: RT, 2007. p. 336-341.

para permitir que seja adotado um padrão médio ocorrente na maioria dos casos, impedindo, assim, que venham a ser observadas peculiaridades individuais, presentes na esfera privada de cada indivíduo. Desse modo, caso a padronização não consiga evitar esse acesso à esfera privada, em razão de não ter conseguido generalizar a situação objeto de tributação, pode-se afirmar que lhe falta um elemento estrutural indispensável.

Já a uniformidade, decorrente da defesa da esfera privada, com ela não se confunde, pois enquanto a defesa da esfera privada impõe a adoção de padrões médios, a uniformidade exige que com a fixação de tais padrões ocorra um mesmo tratamento para todas as situações (incluindo-se as que se encontram fora dessa média, mas em que a padronização não se mostra excessiva).

Já o estado de necessidade representa o pressuposto que exige que a padronização fiscal seja necessária, ou seja, que a praticidade não pode revelar-se desproporcional em relação à capacidade da Administração Pública de executar a norma jurídica tributária.

Por relatividade a autora entende que todos os instrumentos de praticidade fiscal devem trazer em seu bojo a possibilidade de serem relativizados ou afastados, uma vez que não podem conduzir a excessos que impliquem desrespeito a direitos fundamentais.

Não obstante a referida ideia desenvolvida por Misabel Derzi, o presente trabalho adota como norte os elementos estruturais dos padrões fiscais aqueles indicados na doutrina de Humberto Ávila,[67] que conferindo nomenclatura própria e, de certa forma, abrangendo os elementos já transcritos de Derzi, entende que tais pressupostos são (i) a necessidade, (ii) a generalidade, (iii) a compatibilidade, (iv) a neutralidade, (v) a não excessividade e (vi) a ajustabilidade.

3.4.1 Necessidade administrativa

67. ÁVILA, Humberto. *Teoria da igualdade tributária* cit., p. 94-114

A necessidade administrativa apresenta-se como primeiro elemento estrutural condicionante dos mecanismos de padronização fiscal. Nesse cenário, cabe relembrar que o atual texto constitucional prestigiou a igualdade individual, colocando-a como a regra a ser observada na tributação. Porém, como já visto, se a busca por essa individualização mostrar-se excessivamente dispendiosa ou for inexecutável (impraticável), o mesmo texto constitucional autoriza que haja a busca pela igualdade geral pela fixação de padrões fiscais.

Isso denota que a praticidade fiscal (por buscar a igualdade geral) somente poderá existir se realmente for necessária à Administração Tributária. Ou seja, apenas na hipótese de não ser possível executar o comando legal é que os padrões fiscais podem ser criados.

Tal pressuposto corresponde ao estado de necessidade indicado por Misabel Derzi[68] que, de igual modo, revela a necessidade associada à incapacidade fazendária de administrar os tributos previstos em lei. Esse autor defende que tem cabimento a praticidade quando "existe uma desproporção muito acentuada entre a incumbência, o encargo que a lei cria para a Administração com a execução e a capacidade de que os órgãos fazendários dispõem para prestar o dever".

A necessidade, desse modo, revela que os tributos somente podem ser exigidos com base em padrões fiscais médios de tributação no caso exclusivo de ela mostrar-se impraticável sem a fixação desses instrumentos. Como esclarece Humberto Ávila,[69] "a padronização deve, pois, ser uma necessidade prática da administração (*eiene praktische Bedürfnis der Verwaltung*)".

No sentido exposto, o Tribunal Regional Federal da 3ª Região[70] decidiu pela manutenção da exigência do Imposto de

---

68. DERZI, Misabel. *Direito tributário*. Direito penal e tipo. 2. ed. cit., p. 338.

69. ÁVILA, Humberto. *Teoria da igualdade tributária* cit., p. 95.

70. Brasil. Tribunal Regional Federal da 3ª Região. Agravo em Apelação Cível 0002235-55.1999.4.03.6110. Disponível em: https://cutt.ly/wnWdLOc.

Renda Retido na Fonte (IRRF) sobre rendimentos obtidos em aplicações financeiras do Fundo de Renda Fixo de 60 dias e os oriundos de contratos de *SWAP*. Tal decisão teve como relatora a Desembargadora Federal Regina Helena Costa, que ratificou o entendimento do julgamento singular nos seguintes termos:

> A exigência do Imposto de Renda Retido na Fonte advém de uma necessidade administrativa no controle da arrecadação tributária, de praticidade fiscal, conforme pode ser verificado na exposição de motivos da citada Medida Provisória. Sua incidência apresenta-se em duas modalidades. Na primeira, o imposto torna-se uma tributação em termos definitivos, onde o valor devido é aquele apurado no momento definido pela legislação tributária, sendo insuscetível de qualquer ajuste, aproveitamento ou complementação. Nesse caso, a aquisição da disponibilidade da renda opera-se na própria apuração do resultado da operação singularmente alcançada.
>
> Na segunda, constitui mera antecipação do Imposto de Renda devido, compensável com o valor que o contribuinte apurará no futuro para liquidar seu débito tributário, o que se verifica *in casu*.
>
> Desse modo, com o advento da Medida Provisória n. 1.788/98, convertida na Lei n. 9.779/99, não ocorreu modificação no regime de tributação dessas operações, mas, tão somente, alteração para sujeitá-las à retenção do Imposto de Renda na Fonte, tal como ocorre com rendimentos decorrentes das demais aplicações ou operações financeiras de renda fixa ou de renda variável, com a única exceção daquelas tituladas por instituições financeiras.

A necessidade guarda ligação direta com a impossibilidade de a tributação ser realizada sem a adoção da praticidade fiscal. Eurico de Santi,[71] ao denominar os padrões fiscais de princípio da comodidade fiscal e criticar o lucro arbitrado, afirma:

> Não se defende que presunções como o arbitramento de lucros deixem de ser utilizadas pelas Autoridades Fiscais. De fato, elas

Cf.: STF. Tema 185 – Incidência do imposto de renda sobre os resultados financeiros verificados na liquidação de contratos de *swap* para fins de *hedge*. Relator Min. Marco Aurélio, RE 1224696. Disponível em: https://cutt.ly/dn2cFZL.

71. SANTI, Eurico Marcos Diniz. *Kafka:* alienação e deformidades da legalidade, exercício do controle social rumo à cidadania fiscal. São Paulo: RT, 2014. p. 355.

> são úteis quando é impossível aferir a real grandeza econômica dos fatos jurídicos tributários. Mas se existem dados que permitem conhecer a verdade material, a facilidade de arrecadar não se pode sobrepor ao dever de esgotar os meios de fiscalização disponíveis para cobrar os tributos de modo compatível com os fenômenos econômicos sobre os quais incidem.

A necessidade administrativa implica a inaptidão da Administração Pública na execução da norma tributária pela regra da individualização caso a caso, seja em razão da complexidade do sistema tributário, de caracteres econômicos ou da falta de uma estrutura administrativa que proporcione tal aptidão. Há, dessa maneira, a necessidade de serem criados padrões fiscais que confiram a simplicidade, a economia e a praticidade necessárias à execução da norma tributária de maneira igualitária.

3.4.2 Universalidade (generalidade do padrão)

O segundo elemento estrutural condicionante da praticidade fiscal é a constatação de que o padrão fiscal fixado é dotado de generalidade. Tendo em vista que a padronização afasta a igualdade individual em virtude de essa mostrar-se impossível de ser praticada ou excessivamente onerosa, torna-se imprescindível que o padrão fiscal adotado esteja apto a ser aplicado à maioria das situações tributáveis.

A regra (igualdade individual) somente é afastada para dar espaço à padronização justamente para que a igualdade (na concepção geral) seja alcançada por intermédio da adequada execução da norma tributária. E esta adequação somente será possível se houver um padrão adequado a regular a maioria das situações objeto da tributação. Como leciona Humberto Ávila:[72]

> O padrão legal deve ser adequado para a maior parte dos contribuintes, ainda que não fique exato para alguns, justamente

72. ÁVILA, Humberto. *Teoria da igualdade tributária* cit., p. 95.

> porque o padrão deve servir para a maioria, sem a necessidade de ajustes frequentes pelo aplicador. Um padrão, porém, que seja inadequado para a maioria dos contribuintes simplesmente não serve como tal: primeiro, porque exige precisamente aquilo que o uso do padrão quer evitar – o custo excessivo do reajuste contínuo, por ser impossível ou extremamente oneroso; segundo, porque não corresponde à dimensão média das operações efetivamente realizadas.

Isso corresponde ao que Misabel Derzi[73] denomina de uniformidade do padrão fiscal, revelando que a fixação de tais padrões impõe que o tratamento tributário seja o mesmo a ser seguido na maior parte das situações, evitando-se disparidades. Por isso mesmo é que o padrão somente será adequado e logrará êxito na sua finalidade (a igualdade geral) se as situações corresponderem realmente à maior parte das situações reguladas, sendo desigual apenas para uma minoria inexpressiva de contribuintes.

Isso ocorre, por exemplo, na fixação na tabela de valores que serve de base de cálculo do Imposto sobre a Propriedade de Veículos Automotores (IPVA), quando o Estado leva em consideração, para fixar o valor venal do veículo, caracteres gerais como o ano e o modelo do carro, sem observar características individuais (impossíveis de ser aferidas caso a caso), como o estado de conservação ou a colocação de acessórios.

Se tal valor corresponder à maior parte das situações tributáveis, pode-se dizer que há generalidade e que a padronização observou tal pressuposto. É evidente que se a referida tabela de valores não guarda proximidade com os valores médios praticados pelo mercado, tais caracteres perdem a generalidade, e a padronização não poderá ser utilizada.

Significa dizer que a universalidade (generalidade) exige dos mecanismos de praticidade fiscal a observância de que estes são aplicáveis à média das situações objeto da tributação, justamente porque surgem em razão de a lei não se mostrar

---

73. DERZI, Misabel. *Direito tributário.* Direito penal e tipo. 2. ed. cit., p. 337.

exequível sem a utilização dos padrões fiscais. Ou seja, somente será preenchido o elemento da generalidade se o padrão fixado (como, no exemplo, a tabela do IPVA) corresponder, realmente, à maior parte dos casos tributáveis.

Desse modo, pode haver situações que se afastam dessa média. Porém cabe registrar que tal distanciamento – como o que ocorre na hipótese de um carro altamente depreciado pelo uso e com valor de mercado bem abaixo do fixado na tabela estadual do IPVA –, apesar de gerador de uma desigualdade, pode ser ultrapassado pelo padrão, desde que tal desigualdade não seja continuada e geral. É que, sendo frequente, afasta-se do padrão estipulado da média e retira a generalidade do instrumento de praticidade fiscal.

3.4.3 Compatibilidade

Os mecanismos de praticidade fiscal devem guardar compatibilidade com a realidade. Tal compatibilidade, inclusive, deve ser visualizada tanto antes quanto depois da composição do padrão. O que revela a possibilidade de correlacionar o padrão fixado com a média que efetivamente ocorre na maioria dos casos, sendo possível efetuar o controle de desconcertos que, porventura, venham a ocorrer.

Tal pressuposto remete à premissa já fixada de que a padronização fiscal não representa uma ruptura total da igualdade individual, até mesmo porque o modelo fixado pelo presente trabalho é um modelo moderado. Por força disso, é que a compatibilidade do padrão impõe a igualdade individual como forma de contenção de eventual incompatibilidade da suposta média fixada pelo padrão com a efetiva e real média das situações que ocorrem no dia a dia da tributação.

A compatibilidade busca estabelecer que os padrões fiscais, ao uniformizarem a tributação pela necessidade administrativa, adotem tal sistemática observando que as médias estabelecidas devem guardar estreita relação com a realidade, pelo menos na maioria das situações. É possível buscar a igualdade individual no caso de o padrão estabelecido não guardar compatibilidade com a maioria das situações médias ou causar excessiva onerosidade.

Nesse sentido, cabe anotar a previsão contida no art. 18, inciso II, da Lei n. 9.430/1996, que estabelece o chamado preço de revenda menos lucro (PRL) como mecanismo de praticidade fiscal, nos preços de transferência nas importações de bens, serviços e direitos. O legislador estipulou uma média dos preços de venda no país a partir de uma presunção da margem de lucro fixada legalmente, que normalmente se encontra em desacordo com a realidade, sendo, assim, incompatível com a igualdade individual.

Nesse sentido, Eduardo Morais da Rocha,[74] ao versar sobre tal dispositivo e enfatizar a desconfiança como o contribuinte é tratado pela Administração Pública e pelo legislador, inclusive na fixação dos mecanismos de praticidade fiscal, observa:

> Típico exemplo da desconfiança no Direito Tributário é o método do preço de revenda menos lucro (PRL), estatuído nos arts. 18, inciso II, da Lei n. 9.430/96 e 12, da Instrução Normativa (IN/SRF) n. 243/02, da Receita Federal, no qual se observa um legislador e um executivo desconfiados do contribuinte, utilizando inadequadamente a praticidade, presumindo de modo absoluto a sua má-fé, reduzindo drasticamente as informações do ambiente e distorcendo a realidade.
>
> Tais dispositivos, um legal e outro infralegal, sob o pretexto de controlar os preços de transferência nas operações de importação para revenda de bens e direitos entre pessoas vinculadas, presumiram margens de lucro fixas, restringindo a possibilidade dos contribuintes de provar as hipóteses em que o preço ajustado, mesmo menor que o método legal, não importou transferência de lucro por via oblíqua; ou, ainda, os casos em que tal lucro, embora licitamente transferido, por estar em consonância com os valores praticados no mercado, não se coaduna com as margens fixas legais.

---

74. ROCHA, Eduardo Morais da. A praticidade como sinônimo de desconfiança e as margens de lucro fixas no preços de transferências. *Revista da Seção Judiciária do Rio de Janeiro*, Rio de Janeiro, v. 19, n. 33, p. 69-70, abr. 2012. Disponível em: https://cutt.ly/PnWRjDV.

> A desconfiança generalizada do legislador e do Fisco em relação ao contribuinte, presumindo de forma absoluta a sua má-fé ao impor-lhe um método para determinação do preço parâmetro deduzido de margens de lucro fixas nas importações sem atentar para o fato de que essas margens não variam conforme o tipo de atividade econômica empreendida, macula frontalmente a livre concorrência e, principalmente, a segurança jurídica que decorre do Estado democrático de direito.

Apesar de o trecho transcrito versar sobre eventuais princípios constitucionais inobservados e que devem servir de limites (até mesmo para fins de assegurar a igualdade geral), constata-se que a causa da referida distorção é justamente a falta de compatibilidade que deve estar presente, como elemento estruturante condicionante, em todo e qualquer mecanismo de padronização fiscal.

3.4.4 Neutralidade

Humberto Ávila,[75] atento aos diversos significados que a neutralidade pode ostentar – tais como (i) uma proibição de o ente político influenciar de qualquer modo na atividade econômica do contribuinte por meio de tributação; ou (ii) uma proibição de influenciar de modo arbitrário/injustificado na atividade econômica do contribuinte; ou (iii) uma proibição de influenciar de modo excessivo na atividade econômica dos contribuintes via tributos –, revela que o sentido mais adequado à neutralidade dos padrões fiscais corresponde a uma variação do segundo sentido (e não do terceiro):

> Nesse sentido, a neutralidade evidencia o dever de atuação ou abstenção estatal em determinado nível relativamente aos efeitos que a tributação provoca quando recai sobre bens jurídicos essenciais à realização do princípio da liberdade de concorrência. Esses efeitos, a rigor, não nulificam a disponibilidade dos bens jurídicos, pois, nesse caso, haveria um problema de excessividade, não necessariamente ligado à igualdade. Seria o caso, por exemplo, da instituição de tributo tão alto que impedisse o exercício de determinada atividade econômica. O que os efeitos

75. ÁVILA, Humberto. *Teoria da igualdade tributária* cit., p. 99-100.

> da tributação desatenta ao dever de neutralidade fazem é prejudicar a existência de um determinado nível de liberdade a bens jurídicos relativos à liberdade de concorrência entre os contribuintes. Isso ocorreria, por exemplo, na hipótese de cobrança de um tributo com base de cálculo padronizada que forçasse os preços significativamente para cima, fazendo com que o contribuinte caísse numa situação anormalmente desfavorável diante de seus concorrentes. A neutralidade, no sentido ora estipulado, funciona como um limite para a atuação ou abstenção estatal referente ao tratamento de dois ou mais contribuintes em relação de concorrência. Justamente aqui adquire relevo a neutralidade no tocante à padronização.

A neutralidade dos padrões fiscais deve ser entendida, assim, como algo inerente à própria igualdade tributária, um aspecto intrínseco da igualdade geral e que, por isso mesmo, delimita-a negativamente quando impõe que o tratamento tributário de concorrentes que devam contribuir com determinado exação tributária (instrumentalizada mediante instrumentos de praticidade fiscal) não pode acarretar influência estatal arbitrária.

O que se quer dizer aqui é que somente haverá igualdade se não for permitido que os padrões fiscais possibilitem influência estatal injustificada/imotivada na atividade dos sujeitos passivos da relação jurídica tributária. É preciso salientar, por força disso, que a igualdade geral somente é alcançada se o ente federado mantiver neutralidade entre as atividades iguais desenvolvidas por iguais contribuintes.

Assim sendo, a título de ilustração, pode-se pensar na fixação de uma base de cálculo padronizada do Imposto sobre a Circulação de Mercadorias e Serviços (ICMS) que venha a acarretar um aumento no preço da mercadoria comercializada, tanto daqueles que já vendiam a mercadoria a um preço alto e com alta margem de lucro, como daqueles que comercializavam a um preço menor em razão de uma menor margem de lucro. Evidentemente que o preço relativo do produto somente deve ser preservado, objetivando a neutralidade, a partir de uma apreciação do que ocorre na maior parte das situações (análise global).

3.4.5 Não excessividade

A não excessividade, sem sombra de dúvidas, é um dos maiores pressupostos da padronização fiscal. Observa-se que a regra, no atual sistema constitucional tributário, é (i) a busca da igualdade individual e (ii) ela somente pode ser afastada pela igualdade geral (ii.a) quando a individualização revelar-se excessivamente onerosa ou (ii.b) impossível de ser realizada.

Por força disso é que a padronização fiscal (que objetiva a igualdade geral) deve ser vista como algo que pugna pela economia e simplificação das práticas fiscais. Não pode a padronização ser excessiva, sob pena de tornar-se complexa e impedir que a igualdade geral seja alcançada, o que não justificaria a existência ou a manutenção do mecanismo de padronização fiscal. Frisa-se que a padronização fiscal mostra-se excessiva quando comete excessos em relação a qualquer direito fundamental dos sujeitos passivos tributários, como exemplos, o direito de propriedade e a liberdade de exercício de atividade econômica.

O excesso somente é revelado quando atinge o núcleo essencial do direito fundamental, seja porque o padrão fiscal se mostra demasiadamente injusto ou excessivamente desigual em determinado caso concreto, seja porque o padrão fiscal se afasta da média estipulada na maioria dos casos concretos.

Nesse ponto, pode ser visualizada como um mecanismo de praticidade fiscal que não contém o elemento estruturante da não excessividade, a presunção criada pelo regime não cumulativo do Programa de Integração Social (PIS) e da Contribuição para Financiamento da Seguridade Social (Cofins) no caso das empresas prestadoras de serviços.

Trata-se de contribuições federais que, inicialmente, somente poderiam ser apuradas por meio do regime cumulativo, pelo qual a empresa recolhe mensalmente um percentual total de 3,65% sobre seu faturamento/receita (0,65% a título de PIS e 3% a título de Cofins) e não gera crédito a ser abatido no valor final (daí ser chamado de regime cumulativo).

Em 2002 (para o PIS) e em 2003 (para a Cofins) foi criado o regime não cumulativo, que, apesar de ostentar uma alíquota total maior (9,25% para as duas contribuições – sendo 1,65% a título de PIS e 7,6% a título de Cofins), teve a nítida finalidade de tornar a tributação menos excessiva, porquanto permite que as matérias-primas e os insumos gerem créditos a ser abatidos.

Ocorre que o art. 8º, inciso II, da Lei n. 10.637/2002 e o art. 10, inciso II, da Lei n. 10.833/2003 apenas excluem as empresas tributadas no Imposto de Renda Pessoa Jurídica (IRPJ) com base no lucro presumido/arbitrado do regime não cumulativo; não há possibilidade de as empresas que são tributadas pelo lucro real no imposto de renda não utilizarem tal sistemática.

Assim, os prestadores de serviços que são obrigados ao lucro real (em razão do faturamento), por serem proibidos de utilizar o lucro presumido, passam a ter de se sujeitar ao PIS/Cofins não cumulativos, sem que possuam matérias-primas ou insumos que possam gerar créditos a ser abatidos.

A lei presume que as empresas com lucro real gerarão créditos e poderão aproveitar-se da não cumulatividade do PIS/Cofins; em verdade, as prestadoras de serviços (em tais situações) estarão submetidas a uma tributação excessiva que tolhe direitos fundamentais dos contribuintes (propriedade, livre-iniciativa e concorrência), tornando a tributação desigual e injusta.

Importante decisão foi conferida pelo Tribunal Regional Federal da 4ª Região,[76] que teve como voto relator o proferido pelo Desembargador Federal Leandro Paulsen:

> Pretendesse o legislador simplesmente aumentar as contribuições sobre o faturamento/receita, teria elevado as alíquotas anteriormente estabelecidas pelo art. 1º da MP 2.158-35/01 (0,65%) e pelo art. 8º da Lei 9.718/1998 (3%). Não foi esta, contudo, a intenção. O estabelecimento dos regimes não cumulativos visou, isto sim, a melhor distribuir a carga tributária ao longo da cadeia econômica de produção e comercialização de cada produto. Daí a elevação da

76. Apelação Cível 2004.71.08.010633-8/RS. Disponível em: https://cutt.ly/hnWdC9K.

> alíquota associada à possibilidade de apuração de créditos compensáveis para a apuração do valor efetivamente devido.
>
> No caso específico da Autora, que tem por objetivo social principal a prestação de serviços, a submissão ao novo regime não cumulativo implicou um aumento de mais de 100% no ônus tributário decorrente da incidência do PIS e da Cofins. Isso porque, como empresa prestadora de serviços, os créditos que pode apurar não são significativos. O acréscimo do ônus tributário, não corresponde a aumento da capacidade contributiva da Autora, que não teve alteração.
>
> Implica, ainda, tratamento desigual relativamente aos demais contribuintes, sujeitos ou ao regime comum ou ao regime não cumulativo em atividade econômica em que a apuração de créditos é significativa.
>
> O critério de discriminação (regime de tributação pelo Imposto de Renda, se pelo lucro real ou não), no caso concreto, mostra-se falho e incapaz de levar ao resultado pretendido de distribuição do ônus tributário ao longo de uma cadeia de produção e circulação, comprometendo a própria função do regime não cumulativo, o que evidencia violação não apenas à isonomia como à razoabilidade.
>
> Por fim, também cria obstáculos à livre concorrência, porquanto empresas dedicadas à mesma atividade que a Autora continuam submetidas ao regime comum, não tendo sido oneradas pelo advento do regime não cumulativo.
>
> Direito da autora de permanecer recolhendo as contribuições pelo regime comum (cumulativo) relativamente às suas receitas provindas da prestação de serviços e de compensar os valores pagos a maior.

Assim, qualquer instrumento de praticidade fiscal não poderá ser demasiado e impor excessos em relação a qualquer direito fundamental dos sujeitos passivos tributários, como os já citados direitos à propriedade, à liberdade de exercício de atividade econômica e à livre concorrência, sob pena de acarretar desigualdade.

3.4.6 Ajustabilidade ou reversibilidade

O último elemento estruturante condicionante das padronizações fiscais é a imprescindibilidade de mecanismos que possibilitem que o padrão fixado seja afastado quando provocar uma desigualdade intensa e considerável em relação a determinados contribuintes ou afastar-se da média estabelecida, de maneira contínua da realidade.

Em outras palavras, a ajustabilidade impõe que o padrão fiscal guarde relação com a realidade. Como esclarece Humberto Ávila,[77] "qualquer modelo de padronização tributária deve, necessariamente, envolver a devolução das diferenças que sejam significativas e, por isso mesmo, causem gravames que comprometam a eficácia mínima de princípios fundamentais". Adverte que o distanciamento do real não seria razoável:

> É que qualquer norma jurídica – dentre as quais se situam aquelas que estabelecem bases de cálculos por meio de valores presumidos – deve harmonizar-se com a realidade. Essa exigência de vinculação das normas com a realidade que visam a regular é representada, em termos normativos, pela razoabilidade (*reasonnableness, Zumutbarkeit*), que exige uma causa real justificante para a adoção de qualquer medida.

Tal pressuposto também é apontado por Misabel Derzi[78] ao observar que "existe tendência acentuada em transformar os padrões, somatórios e pautas de valores em presunções *juris tantum* que admitem prova em contrário para os casos 'atípicos'."

No que diz a tal pressuposto, é conveniente registrar que a ajustabilidade ao real acontece tanto antes da efetiva fixação do padrão legal, como também depois de fixada a padronização. Há, assim, uma dupla concepção da ajustabilidade, o que implica reconhecer que a vinculação com a realidade não ocorre somente no momento em que o legislador elege os padrões, mas também depois de estes haverem sido fixados.

Decerto que, em uma visão prévia, é imprescindível que o legislador escolha algo que comprovadamente ocorre na

77. ÁVILA, Humberto. *Teoria da igualdade tributária* cit., p. 105 e 90-91.

78. DERZI, Misabel. *Direito tributário.* Direito penal e tipo. 2. ed. cit., p. 341.

maioria dos casos tributáveis. Por isso, a fixação das tabelas que conotam a base de cálculo do Imposto sobre a Propriedade de Veículos Automotores (IPVA) deve ser aferida após criteriosa pesquisa dos valores efetivamente praticados na localidade tributada, guardando, desse modo, ajustabilidade com a realidade

Já em um momento posterior ao mecanismo de padronização ter sido fixado, o ajuste com a realidade dar-se-á com a possibilidade de reversibilidade ou ajuste do padrão (antes válido) à realidade, na hipótese de existir discrepância significativa que cause desigualdade excessiva em um caso concreto.

O que significa dizer, na precisa advertência de Humberto Ávila,[79] que "os padrões, como espécie de presunções, nunca abandonam a realidade: não o fazem antes, porque dela decorrem para existir; não o fazem depois, porque dela dependem para permanecer".

É preciso, contudo, ter o cuidado de observar que a superação do padrão não pode ocorrer em qualquer hipótese, sob pena de fazer ruir o próprio padrão como parâmetro da igualdade geral. Somente quando este se mostrar excessivamente oneroso a um caso concreto é que deve haver a ajustabilidade ou reversibilidade, e assim o padrão será superado pela igualdade individual.

O padrão deve ser superado e ajustado à realidade quando a sua manutenção se mostrar atentatória, de forma desproporcional, a direitos fundamentais do contribuinte. Por isso é que todo e qualquer padrão deve prever cláusulas ou situações de ajustabilidade ou reversibilidade.

Na trajetória aqui proposta, pode-se apontar, como uma situação ilustrativa, o § 7º do art. 150 da CF/1988, que estabelece a possibilidade do fato gerador presumido na substituição tributária progressiva. Independentemente da análise da validade de tal fato gerador presumido em relação a outros

79. ÁVILA, Humberto. *Teoria da igualdade tributária* cit., p. 90.

elementos, é perfeitamente possível visualizar que tal presunção preenche o pressuposto da ajustabilidade em relação à possibilidade (fora da média prevista) de o fato gerador não ocorrer. O texto legal assegura a restituição imediata e preferencial do valor arrecadado se a presunção não ocorrer na realidade.

Apesar de o pressuposto da ajustabilidade estar presente em relação ao fato gerador presumido quando este não ocorrer efetivamente, é possível constatar que a ajustabilidade não é possível nas distorções que ocorrem usualmente entre o valor fixado presumidamente pelo padrão fiscal e o valor que efetivamente ocorre na realidade.

Não há, nesta última hipótese, a previsão de ajustabilidade necessária, tendo o STF[80] decidido pela constitucionalidade de referida padronização tributária ainda que não haja tal ajustabilidade no caso de diferenças de valores. Como se extrai do voto do Relator Ministro Ilmar Galvão:

> Não seria, realmente, de admitir que, diante desses efeitos práticos, decisivos para a adoção da substituição tributária, viesse o legislador a criar mecanismo capaz de inviabilizar a utilização do valioso instituto, como a compensação de eventuais excessos ou faltas, em face do valor real da última operação, determinando o retorno da apuração mensal do tributo, prática que justamente teve por escopo obviar.

Evidentemente que a motivação dada pela mais alta Corte do país encontra-se em consonância com a proposta defendida pelo presente trabalho nas hipóteses em que o padrão fixado é, de fato, consonante com a realidade (na maioria das situações). Ocorre, no entanto, que tal análise não atentou para a situação na qual o fato gerador presumido pode concretizar-se ordinariamente, mas comumente e repetidamente em valor menor que o fixado pelo mecanismo de padronização fiscal.

80. Ação Direta de Inconstitucionalidade 1.851-4/AL. Disponibilizada em: https://bityli.com/PocPj.

Nesta última hipótese, há a necessidade de ajustar o padrão a fim de preservar direito fundamental do contribuinte, uma vez que o fato gerador apenas se concretiza parcialmente, ou seja, ocorre em menor intensidade real, na maior parte das situações, do que a projetada pela lei como sendo a usual. Isso, para o presente trabalho, requer a superação do padrão, desde que haja fundamentação e comprovação das diferenças como de ocorrência na maior parte das situações.

3.5 Instrumentos de praticidade fiscal

3.5.1 Natureza principiológica dos instrumentos de padronização fiscal

O texto da atual Constituição Federal revela que houve um maior cuidado com a matéria tributária, se comparado com os outros ramos direito, uma vez que reservou todo um título para tratar da tributação e do orçamento (arts. 145 a 169), separando a maior parte desse título para o que denominou de Sistema Tributário Nacional (arts. 145 a 162).

Tal sistema representa um aglomerado de dispositivos constitucionais versando sobre matéria tributária, organizados de maneira compatível e formando um todo que deverá ser observado por toda a legislação infraconstitucional.

Há quem, contudo, defenda que este Sistema Tributário Nacional, a rigor, não seria, verdadeiramente, um sistema nacional. Nesse sentido é a advertência de Geraldo Ataliba:[81]

> Há um sistema tributário brasileiro, sem dúvida, mas, ao contrário do francês e do italiano, por exemplo, não reúne as condições para ser considerado nacional. E o fato de haver normas constitucionais voltadas para todas as pessoas políticas – o que sempre houve aqui e em todas as federações – não chega, por si só, a dar tal caráter ao sistema.

81. ATALIBA, Geraldo. *Sistema constitucional tributário brasileiro.* São Paulo: RT, 1968. p. 223-224.

> Para que este pudesse ser reputado nacional, seria necessário que o legislador que o plasma também se revestisse da mesma qualidade, o que não acontece. Pelo contrário, temos uma multiplicidade de legisladores a contribuir para a modelagem do Sistema Tributário.

A perspectiva levantada pelo citado autor é interessante, pois é evidente que o sistema tributário se encontra disposto dentro do sistema constitucional e, assim, a autonomia estadual e municipal (pacto federativo), fixada por este último sistema, terá de ser observada. Daí por que os Estados e Municípios têm a possiblidade de criar e ter os seus sistemas tributários próprios, o que enfraquece a ideia da existência de um só sistema tributário (o nacional).

Porém, a fácil constatação de que estes sistemas estaduais e municipais deverão observar os princípios fixados na Constituição Federal torna possível a visualização e a aceitação de um sistema tributário nacional. Cabe anotar, contudo, que independentemente da aceitação, ou não, do caráter nacional desse sistema, é inegável que existe um Sistema Constitucional Tributário (o qual o texto constitucional denominou de Sistema Tributário Nacional), ou seja, um conjunto de normas tributárias inseridas na Constituição Federal.

Tal inserção é salutar porquanto possibilitou que poderes, direitos e deveres, estreitamente ligados ao poder de tributar, pudessem estar expressamente dispostos de forma agrupada no texto constitucional; facilitou, assim, a organização do tema, a compreensão da matéria tributária no plano constitucional e a construção do sentido pelo intérprete responsável pela atividade criadora de normas.

Observando-se tal panorama, é possível sustentar que a praticidade fiscal pode ser encontrada no Sistema Tributário Nacional e, também, em outros dispositivos constitucionais fora de tal sistema. Desse modo, convém esclarecer que tais enunciados normativos ostentam a natureza jurídica de princípios constitucionais tributários.

De fato, a praticidade fiscal ostenta, verdadeiramente, natureza de princípio constitucional, como observa Regina Helena Costa,[82] fazendo referência, inicialmente, a estudos de Nabais, para esclarecer que:

> Dessarte, para o célebre jurista português a aplicabilidade do princípio da praticidade no direito tributário transcende, hoje, suas origens economicistas, norteadas pela busca de uma maior produtividade com o menor custo. Ostenta atualmente o princípio uma dimensão axiológica, que se prende ao princípio da isonomia e ao valor da justiça, na medida em que o legislador tributário, ciente de que não é onipotente, busca a simplificação, por meio da adoção de mecanismos capazes de captar toda manifestação de riqueza por ele considerada relevante, desprezando descrições detalhadas do fato gerador que se mostram passíveis de ser facilmente elididas ou cuja fiscalização por demais complexa e cara, geraria um custo insuportável para a sociedade.
>
> Temos que tais ensinamentos sejam perfeitamente aplicáveis ao Direito pátrio, o que conduz à possibilidade de se extrair das dobras do ordenamento jurídico brasileiro o princípio da praticabilidade tributária, que apresenta estrutura constitucional.

Alinhada a essa mesma perspectiva, Regina Helena Costa[83] revela o caráter principiológico da praticidade fiscal, mesmo que lhe possa ser conferido, também, um caráter técnico:

> A nosso ver, trata-se de autêntico princípio, e não simples regra jurídica, porque apresenta traços característicos daquela espécie normativa: (i) contém elevado grau de generalidade e abstração, irradiando seus efeitos sobre múltiplas normas; e (ii) contempla valor considerado fundamental para a sociedade, qual seja, a viabilização da adequada execução do ordenamento jurídico, no campo tributário. Assim, laborará na delimitação do âmbito de atuação do legislador infraconstitucional, bem como na orientação dos agentes públicos acerca da interpretação e da aplicação a serem dadas a outras normas jurídico-tributárias.
>
> Assinale-se ser inegável a natureza técnica do princípio em foco, o que o impede de ser colocado no mesmo patamar dos

82. COSTA, Regina Helena. *Praticabilidade e justiça tributária* cit., p. 92.

83. COSTA, Regina Helena. *Praticabilidade e justiça tributária* cit., p. 93.

> princípios éticos, como a justiça e a moralidade, posicionados no anteplano do ordenamento jurídico. No entanto, não se pode desprezar sua importância, na medida em que contribui, como veremos, para a realização daqueles valores.

A praticidade, entendida como princípio, encontra-se disposta no texto constitucional, objetivando tornar a máquina estatal mais célere, econômica e, por consequência, eficaz; ademais, permite uma maior eficiência da fiscalização e da arrecadação tributária, através da adoção de padrões gerais de simplificação a serem observados, pelo intérprete, na construção das normas jurídicas tributárias. Representa o interesse de todo o meio social e tem como objetivo possibilitar a execução da igualdade geral.

Emblemática é a situação estabelecida pelo § 7º do art. 150, do mesmo sistema, que trouxe a cobrança de tributo com base em fato gerador presumido ao texto constitucional, permitindo a ocorrência da chamada substituição tributária progressiva. Ou seja, possibilitou a cobrança de tributo a partir da ocorrência de fato gerador presumido, tendo em vista a grande possibilidade (presumidamente visualizada) de este vir a ocorrer. Tal enunciado normativo, induvidosamente, procurou criar um padrão na cadeia produtiva a fim de evitar a sonegação fiscal, otimizar a fiscalização tributária e permitir que a lei seja exequível.

3.5.2 Mecanismos de veiculação dos padrões fiscais

Analisando os instrumentos que viabilizam a aplicação da praticidade fiscal, Regina Helena Costa[84] esclarece que há diversas formas de expressão da praticidade fiscal:

> A praticabilidade tributária, como princípio difuso no ordenamento jurídico, manifesta-se por meio de diversos instrumentos.
>
> Inicialmente temos as chamadas abstrações generalizantes, abrangentes das presunções, ficções e indícios, bem como de

84. COSTA, Regina Helena. *Praticabilidade e justiça tributária* cit., p. 159.

> conceitos jurídicos indeterminados, cláusulas gerais, normas em branco e normas de simplificação.
>
> No entanto, outros expedientes de simplificação da execução normativa vêm a eles somar-se no intuito de expressar a praticabilidade no meio tributário, dos quais cabe destacar a analogia, as técnicas de privatização da gestão tributária e os meios alternativos de solução de conflitos tributários.

Cabe anotar que o objetivo do estudo (neste tópico) não é buscar demonstrar se a praticidade fiscal tem sido aplicada por tais mecanismos de maneira adequada, ou se, ao contrário, têm existido vícios e, assim, apontar limites a ser observados. Tal perspectiva somente será tratada no capítulo seguinte, de forma específica no que diz respeito às presunções tributárias.

O que se busca, neste ponto, é simplesmente examinar as formas pelas quais a praticidade fiscal se exterioriza, e, assim, entender cada um desses mecanismos, para, igualmente, constatar a sua execução no ordenamento jurídico em vigor.

Nesse cenário, importante registrar que os mecanismos ou instrumentos da praticidade fiscal podem ser perfeitamente encontrados tanto no texto constitucional quanto, de forma até mais intensa, no plano dos enunciados normativos infraconstitucionais.

É cediço, contudo, que, no plano infraconstitucional, há uma quantidade imensa de documentos normativos tributários e que tais dispositivos sofrem mutações (alterações) muito rapidamente.

Por tais razões, identificar os preceitos de praticidade fiscal na esfera inconstitucional constitui uma missão hercúlea. Atenta a esta dificuldade, Regina Helena Costa[85] anota que:

> A análise do emprego da praticabilidade no âmbito infraconstitucional é tarefa ousada, que impõe grande atenção e cuidado, por duas razões, a primeira, o imenso plexo normativo que emoldura a atividade tributante no Brasil; e a segunda, a rapidez com

85. COSTA, Regina Helena. *Praticabilidade e justiça tributária* cit., p. 246.

que tais normas são substituídas ou alteradas, ensejando a sempre criticada instabilidade jurídico-fiscal.

Assim, importante analisar se a padronização fiscal manifesta-se (ou não) mediante (i) a utilização de abstrações generalizantes tais como a fixação de presunções/ficções, de conceitos jurídicos indeterminados, de cláusulas gerais, de normas em branco, de normas de simplificação; (ii) a aplicação da analogia; e (iii) a privatização da gestão tributária – o que passa a ser analisado nos tópicos seguintes.

3.5.2.1 Abstrações generalizantes

Cabe ressaltar que a primeira forma de expressão da praticidade fiscal, as abstrações generalizantes, corresponde a instrumentos que buscam permitir a aplicação da norma de maneira geral (em massa), tornando eficiente a tributação e, por conseguinte, possibilitando a ocorrência da justiça ou igualdade fiscal.

Desse modo, Paulo Ayres Barreto[86] elucida com precisão que em tal mecanismo "busca-se a configuração de um tipo legal mais simples, médio, padrão, que facilite o reconhecimento da ocorrência do fato jurídico tributário e, consequentemente, a cobrança do tributo devido".

Tais abstrações, desse modo, denotam instrumentos que permitem que os textos jurídicos superem a ideia de conceitos específicos a fim de permitir a utilização no direito tributário de conceitos dotados de elevada abstração a fim de alcançar um maior número de situações e, assim, permitir a execução da norma tributária de maneira igualitária.

Existem inúmeras presunções tributárias fixadas nas normas jurídicas tributárias que buscam possibilitar a aplicação da norma de maneira generalizante. Como, por exemplo, a fixada pela Lei do Estado de Alagoas n. 5.900/1996 (que trata do Imposto sobre Circulação de Mercadorias e Serviços

---

86. BARRETO, Paulo Ayres. *Imposto sobre a renda e preços de transferência*. São Paulo: Dialética, 2001. p. 139.

– ICMS) em seu art. 2º, § 9º, que estabelece como presumida a ocorrência de circulação de mercadoria tributada caso seja verificada a omissão de registros contábeis ou a inclusão de dados contábeis que indiquem a omissão de receitas.

Tal presunção possibilita uma tributação mais ampla, pois generaliza que havendo omissão de registros, haverá tributo a ser pago (em razão da circulação de mercadoria que fora presumida) independentemente da constatação no caso concreto de ter havido a efetiva circulação da mercadoria ou da comprovação do pagamento do tributo, em cumprimento da obrigação acessória (registro contábil não feito).

De igual forma, aquela prevista no art. 50, § 10, I, da mesma Lei estadual n. 5.900/1996, que presume como extraviado o livro fiscal na hipótese de a empresa não o entregar em até trinta dias, contados da solicitação do Fisco estadual.

3.5.2.1.1 Presunções e ficções

Como principal abstração generalizante, aparece a presunção, que, por constituir um dos objetos principais da presente obra, já foi alvo de exame no capítulo anterior. A presunção parte de um fato certo/verdadeiro e, mediante a utilização de um processo lógico, conclui por um fato cuja ocorrência é possível/provável.

As presunções atuam, assim, sobre fatos de provável ocorrência; quando fixadas em lei, são denominadas de presunções legais. Como defende Antonio Dellepiane,[87] "não é outra coisa que a determinação legal pela qual se manda estabelecer por havido algum fato sempre que outro fato indicador do primeiro haja sido suficientemente provado".

Parte-se de algo de provável ocorrência e, assim, fixa-se como tendo ocorrido. Nesse cenário, Francesco Carnelutti[88] visualiza a presunção como sendo o "resultado (do uso) de um

87. DELLEPIANE, Antonio. *Nova teoria da prova*. Campinas: Minelli, 2004. p. 132.

88. CARNELUTTI, Francesco. *A prova civil*, Campinas: Bookseller, 2002. p. 120.

argumento que não fornece a plena certeza, senão a inclinação à certeza ou o princípio de certeza de um fato".

Como já visto no presente estudo, as presunções como normas jurídicas estão sendo utilizadas há muito tempo. Sendo uma tendência cada vez maior a sua utilização em matéria tributária, bastando uma leitura da Lei n. 5.172/1966 (CTN) para verificar que, desde 1966, o art. 185 (com alterações da Lei complementar n. 118/2005) fixa uma presunção de fraude quando houver a venda de bens de sujeito passivo inadimplente com o Fisco. E, também, aquela fixada no art. 204 e seu parágrafo único (do mesmo diploma legislativo), que fixa a presunção de certeza e liquidez do crédito tributário regularmente inscrito na dívida ativa.

De igual modo, como já visto no presente estudo, existe um dissenso acerca da semântica do termo presunção, havendo entendimento deste como sendo um meio de prova a ser utilizado no raciocínio normativo ou como um produto do raciocínio humano (reforçando a natureza normativa do vocábulo)

Geraldo Ataliba[89] destaca a possibilidade de as presunções tributárias serem utilizadas como meio de prova especial. Outros autores preferem optar pela adoção das presunções como produto do raciocínio lógico a partir do qual de um fato conhecido visualiza-se um fato de provável ocorrência; entre eles, José Eduardo Soares de Melo[90] e Cristiano Carvalho.[91]

Assim, a presunção deve ser entendida como adverte Pontes de Miranda[92] ao esclarecer o que são as presunções legais:

> Em vez de meio de prova, é o conteúdo de regras jurídicas que estabelecem a existência de fato, fato jurídico, ou efeito jurídico

89. ATALIBA, Geraldo. *Lançamento – Procedimento regrado*. Estudos e parecer de direito tributário cit., p. 339.

90. MELO, José Eduardo Soares de. *ICMS teoria e prática* cit., p. 99.

91. CARVALHO, Cristiano. *Ficções jurídicas no direito tributário* cit., p. 209.

92. PONTES DE MIRANDA, Francisco Cavalcante. *Tratado de direito privado*. 4. ed. cit., t. III, p. 420.

> (e.g. direito), sem que se possa provar o contrário (*praesumptiones iuris et de iure*, presunções legais absolutas), ou enquanto não se prova o contrário (presunções legais relativas). Tais presunções se distinguem, portanto, das presunções de meio de prova, *praesumptiones facti* ou *hominis*, e das normas legais sobre provas que fixam a força probatória do meio de prova.

Nesse cenário pode ser encontrada, a título de exemplo, a presunção estabelecida no lucro presumido do Imposto de Renda, fixada pelo art. 13 (*caput* e § 1º) da Lei federal n. 9.718/1998, que permite a pessoa jurídica adotar o regime do lucro presumido no cálculo do imposto de renda.

Encontrada, ainda, nos regimes especiais de tributação, como naquele traçado pelo Decreto do Estado de Alagoas n. 3.005/2005, que dispõe sobre o regime especial destinado aos distribuidores de medicamentos e fixa (art. 5º-A) um crédito presumido de 4% (quatro por cento) do valor da saída interestadual.

As ficções atuam em caminho oposto ao percorrido pelas presunções, pois enquanto nesta última o fato presumido é de provável ocorrência, na ficção representa um invento do legislador que fixa algo como verdade jurídica. Não se trata de um fato provável, mas sim de uma criação que implica a conclusão de algo que naturalmente não ocorreria daquela forma.

Desse modo, as ficções não podem ser confundidas com as presunções. Como esclarece Luciano Amaro:[93]

> A ficção jurídica não se confunde com a presunção absoluta, embora, praticamente, dela se aproxime. Na presunção absoluta, a consequência do fato conhecido é provável, embora passível de dúvida, mas a lei valoriza a probabilidade e recusa a prova em contrário. Na ficção, não há dúvida sobre o fato real, mas a lei, conscientemente, nega a realidade fática e constrói uma realidade jurídica diversa daquela. Dada a própria natureza da ficção, não cabe sequer cogitar-se de prova em contrário.

93. AMARO, Luciano. *Direito tributário brasileiro*. 6. ed. São Paulo: Saraiva, 2001. p. 258.

Assim como as presunções, as ficções são encontradas no direito brasileiro de forma crescente, pois como ensina Leonardo Sperb de Paola[94] são encontráveis amplamente em todos os tributos.

O uso de ficção tributária pode ser encontrado, por exemplo, na homologação tácita, prevista no § 4º do art. 150 da Lei n. 5.172/1966 (CTN). Hipótese que ocorre quando a Administração Pública não homologa expressamente a atividade do particular (cálculo e pagamento), e a lei (por uma ficção) considera como homologada tal atividade, se transcorridos cinco anos e o ente tributante permanecer inerte.

Tanto as presunções quanto as ficções devem ser vistas como importantes instrumentos de praticidade fiscal, pois, como esclarece Estevão Horvath[95] ao indicar que ambas:

> Reduzem a complexidade substancial inerente à matéria tributária, contribuem para ampliar maior segurança jurídica aos destinatários da normas deste campo do Direito, propiciam maior eficácia na arrecadação dos tributos, auxiliam no combate da sonegação fiscal, etc.

Importante relembrar, nesse cenário, a presunção fixada pelo § 7º do art. 150 da CF/1988, que constitucionalizou a polêmica figura do fato gerador presumido, permitindo a substituição tributária para frente. O que consiste na cobrança antecipada do tributo, tendo em vista a presunção de que o fato gerador irá ocorrer.

Verdadeira técnica de padronização empregada pela presunção de que determinado fato é de provável ocorrência na maior parte das situações tributadas e, por força disso, pode ser tributado antecipadamente, desde que se garanta a restituição do valor pago no caso da não concretização da situação visualizada e previamente tributada.

---

94. PAOLA, Leonardo Sperb de. *Presunções e ficções no direito tributário* cit., p. 97.

95. HORVATH, Estevão. *O princípio do não-confisco do direito tributário.* São Paulo: Dialética, 2002. p. 111.

Correspondem, desse modo, a verdadeiros padrões que substituirão a realidade a partir da adoção de médias que promovam uma facilitação na execução das normas tributárias, de modo que elas possam ser executadas de forma igualitária para os destinatários da norma jurídica tributária.

3.5.2.1.2 Conceitos jurídicos indeterminados

Segundo Regina Helena Costa,[96] os conceitos jurídicos indeterminados são instrumentos que podem ser utilizados para efetivar a praticidade fiscal:

> [...] a utilização de conceitos jurídicos indeterminados pode traduzir a praticabilidade no âmbito tributário, na medida em que tais conceitos, por sua elasticidade, habilitam a lei, mediante uma única hipótese, a comportar múltiplas situações, bem como, por vezes, ensejam o exercício de discricionariedade administrativa.

Tais conceitos correspondem a termos que permitem que o intérprete exercite a discricionariedade (subjetividade) para fins de aplicá-la à lei que ele revela (e não cria).

Importante anotar que a indeterminação e a discricionariedade estão diretamente relacionadas, mas não se confundem. Na visão apurada de Andreas J. Krell,[97] os "conceitos indeterminados e discricionariedade são fenômenos interligados, visto que, muitas vezes, o órgão administrativo deve lançar mão desta para poder preencher aqueles".

Tais conceitos podem ser encontrados em diversos dispositivos infraconstitucionais, como no art. 6º, inciso XIV, da Lei n. 7.713/1988,[98] que versa sobre a chamada moléstia profissional para fins de isenção de imposto de renda, em um patente

96. COSTA, Regina Helena. *Praticabilidade e justiça tributária* cit., p. 183.

97. KRELL, Andreas J. A recepção das teorias alemãs sobre "conceitos jurídicos indeterminados" e o controle da discricionariedade no Brasil. *Revista Interesse Público*, Porto Alegre: Notadez, n. 23, p. 34, 2004.

98. Cf.: STF. Pleno. ADIn 6.025/DF. Relator Ministro Alexandre de Moraes. J. 20.04.2020. Disponível em: https://cutt.ly/nn2bbS7.

exemplo de conceito jurídico indeterminado que necessita ser complementado.

Contudo, apesar do entendimento esposado, e da constatação de que as normas jurídicas tributárias se utilizam de conceitos indeterminados, o presente estudo não consegue visualizar tais conceitos como instrumentos de praticidade fiscal.

Não há como conceber que tais conceitos estariam tornando a lei exequível e, assim, concebendo simplicidade e eficiência à tributação. Por força disso, o estudo afasta-se da ideia exposta de que estes constituem instrumentos de praticidade fiscal.

3.5.2.1.3 Cláusulas gerais

As cláusulas gerais representam termos dotados de uma generalidade imensa, de modo a alcançar as mais variadas situações. Como ensina Alberto Xavier,[99] são termos que possuem um elevado nível de abrangência e abstração e que permitem submeter a determinada consequência jurídica vários casos.

Nas cláusulas gerais não estão sendo estabelecidos conceitos indeterminados que precisam ser completados, mas sim termos amplos que alcançam diversos casos. A diferença, portanto, em relação aos conceitos jurídicos indeterminados reside no grau, e não na natureza jurídica, pois ambos são abstrações generalizantes que atuam sobre os termos contidos nos documentos normativos.

De fato, ainda que não seja pacífica a sua aplicação no direito tributário, torna-se possível visualizar sua presença nas normas jurídicas tributárias. É comum que a linguagem do direito seja abrangente e abstrata, até mesmo para evitar o casuísmo e permitir novas interpretações com a evolução do pensamento social.

---

99. XAVIER, Alberto. *Tipicidade da tributação, simulação e norma antielisiva*. São Paulo: Dialética, 2002. p. 27.

Nessa linha de pensar, Regina Helena Costa[100] ressalta que:

> Observamos, outrossim, que as cláusulas gerais, além de consistirem em importante mecanismo com vistas a evitar o casuísmo legislativo – sempre perigoso –, permitem, à semelhança dos conceitos indeterminados, a atualização do conteúdo da norma, adaptando-a ao desenvolvimento da sociedade, ensejando, assim, a interpretação evolutiva.
>
> Portanto, a nosso ver, clara a insustentabilidade da tese segundo a qual o direito tributário não comporta a utilização de cláusulas gerais. Não há, efetivamente, fundamento jurídico que imponha ao legislador a indicação pormenorizada e exauriente de todas as situações a serem enquadradas nos conceitos legais, com a criação de uma legislação demasiadamente extensa e complexa, que, certamente, padecerá do defeito de excesso de casuísmo.

Um exemplo de cláusula geral é a equidade prevista no art. 108, inciso IV, do CTN. Corresponde a um termo de grande generalidade, mas que não exige complementação; em verdade, resulta numa grande abrangência no tratamento da integração da norma jurídica tributária, de modo que esta possa ser executada nas situações de lacunas legislativas.

De igual modo ao exposto no item anterior, o presente estudo não consegue visualizar essas cláusulas gerais como mecanismos (instrumentos) que concebem simplicidade e eficiência à tributação.

Não se desconhece a importância dessas cláusulas gerais para fins de atualização do conteúdo da norma, tampouco se ignora o uso habitual pelo legislador (até para evitar casuísmos), porém não é algo que revela a intenção de otimizar e tornar exequível a tributação.

3.5.2.1.4 Normas em branco

As normas em branco são aquelas cujo conteúdo pode ser integrado, de forma parcial, por outro ato normativo.

100. COSTA, Regina Helena. *Praticabilidade e justiça tributária* cit., p. 185-186.

Como ocorre, por exemplo, no disposto no art. 22 da Lei n. 8.212/1991; este define o cálculo da contribuição à Seguridade Social (com a adoção de alíquotas de 1%, 2% e 3%) de acordo com o grau de risco (leve, médio ou grave) da atividade preponderante da empresa, deixando a cargo do regulamento a definição desses graus de risco.

Trilhando esse pensamento, Regina Helena Costa[101] conclui que:

> Em nosso sentir, a lei, ao definir a hipótese de incidência da contribuição ao SAT, empregou modalidades de abstração generalizante, quais sejam: o conceito jurídico indeterminado – "atividade preponderante" – e norma tributária em branco – "graus de risco leve, médio e grave" –, a serem definidos em regulamento. Vale dizer: deferiu, expressamente, ao administrador a tarefa de integrar alguns de seus comandos, dependentes de dados e informações técnicas que somente poderão ser aferidos em nível infralegal.

Importante anotar, contudo, que há divergência na aceitação da existência de normas em branco no direito tributário. Isso pode ser observado no argumento defendido por José Arthur Lima Gonçalves[102] de que a norma da regra-matriz de incidência tributária deve ser plenamente construída pelo texto legal, não sendo possível a Administração Pública integrá-la por ato normativo infralegal:

> Não se pode admitir a existência de norma tributária aberta, norma tributária em branco, pois a função consistente em descrever legislativamente a regra-matriz de incidência tributária coube, por expressa opção constitucional, única e tão somente ao Legislativo, não podendo o Executivo alterar-lhe o produto ou suprir-lhe as eventuais faltas e omissões.

---

101. COSTA, Regina Helena. *Praticabilidade e justiça tributária* cit., p. 253.

102. LIMA GONÇALVES, José Arthur. *Isonomia na norma tributária.* São Paulo: Malheiros, 1993. p. 39.

Segundo o STF,[103] a já apontada norma em branco é perfeitamente possível de acontecer em nosso ordenamento jurídico. Como pode ser extraído do seguinte voto do Ministro Relator Carlos Velloso:

> O fato de a lei deixar para o regulamento a complementação dos conceitos de "atividade preponderante" e "grau de risco leve, médio e grave" não implica ofensa ao princípio da legalidade genérica, Constituição Federal, art. 5º, II e da legalidade tributária, Constituição Federal, art. 150, I.

Contudo, pelas mesmas razões já expostas nos itens anteriores, não há como se aceitar tais normas como instrumentos de praticidade fiscal. O comando do art. 22 da Lei n. 8.212/1991, que define o cálculo da contribuição à Seguridade Social com adoção de alíquotas (1%, 2% e 3%) de acordo com o grau de risco (leve, médio ou grave) da atividade preponderante da empresa, por exemplo, não torna a tributação mais simples, célere ou eficiente e, por consequência, mais igualitária.

3.5.2.1.5 Normas de simplificação

Ainda quanto às abstrações generalizantes como mecanismo de exteriorização da praticidade fiscal, há que se falar das normas de simplificação. Essas normas consistem na fixação de padronizações visando tornar, sobretudo, mais simples a tributação.

Isso representa, sem dúvida, um clamor estatal e uma forte inclinação do sistema tributário. Tal mecanismo pode ser revelado no plano infraconstitucional, por exemplo, mediante o regime tributário do Simples – um regime unificado de arrecadação de tributos das Microempresas e das Empresas de Pequeno Porte –, disposto atualmente na Lei Complementar n. 123/2006.

---

103. Recurso Extraordinário 343.446-2. Disponível em: https://cutt.ly/onWdFUb.

Outros padrões também podem ser identificados, nessa esfera, como ocorre nas situações de substituição tributária para trás (regressiva) e no desconto simplificado do imposto sobre as renda das pessoas físicas. A substituição tributária regressiva, fixada pelas legislações estaduais que cuidam do ICMS, impõe a ideia de que o tributo que deveria ser pago pelo contribuinte que realizou a operação tributável não deverá ser adimplido por este, em razão de a lei estabelecer que este será substituído em tal dever pelo responsável (substituto), que assumirá o ônus do pagamento de operações que já deveriam ter sido tributadas.

Desse modo, a administração, a fiscalização e a arrecadação tributária tornam-se mais simples e eficientes. Assim, várias operações que seriam tributadas isoladamente (de vários fornecedores) passam a ser concentradas num único sujeito passivo, o responsável tributário (substituto), que se revela, normalmente, como uma empresa maior que transforma os materiais comprados desses vários fornecedores. Assim, em vez de serem fiscalizados vários contribuintes, a fiscalização resta facilitada (e menos onerosa) por tal concentração na pessoa do substituto, permitindo uma arrecadação mais eficiente.

O desconto simplificado do imposto sobre a renda das pessoas físicas, fixado pelo art. 10 da Lei n. 9.250/1995, também representa uma norma de simplificação da tributação pelo imposto de renda das pessoas físicas, na medida em que dá a opção ao contribuinte de afastar a utilização das deduções legais no cálculo do imposto, utilizando-se de um desconto de 20%, previamente fixado pelo referido documento normativo.

Norma de simplificação tributária pode ser visualizada, também, no art. 124 do CTN, que trata da solidariedade tributária passiva e permite a escolha de em qual sujeito passivo recairá a dívida, tornando mais fáceis e menos onerosas a administração e a arrecadação tributária.

Ainda na esfera da simplificação, tem-se o imposto de renda retido na fonte, fixado pelo art. 7º da Lei n. 7.713/1988.

Tal técnica obriga o empregador a reter o imposto de renda quando do pagamento do trabalho assalariado.

Isso acarreta uma maior eficiência à arrecadação, como assevera Aliomar Baleeiro:[104]

> É a técnica da retenção ou desconto na fonte (*stoppage at source*, *pay as you go*, ou *pay as you earn*), que imprime eficiência maior à máquina de arrecadação do Imposto sobre a Renda, já porque previne a sonegação ou a displicência do titular dos créditos, já porque funciona com mais rapidez, comodidade, simplicidade e economia.

Correspondem, assim, a padrões que, em verdade, reduzem a vastidão e a complexidade do sistema tributário, ao criarem técnicas ou formas de tributação norteadas pela simplificação da norma tributária, acarretando larga abrangência e permitindo a igualdade geral.

3.5.2.2 Analogia

Além das abstrações generalizantes, outros meios podem servir à implementação da praticidade fiscal, merecendo destaque a analogia e a chamada privatização da gestão tributária.

A analogia ocorre nas situações de lacunas legais, em que o intérprete procura suprir tal situação pela busca de dispositivos que tratem de situação semelhante. Segundo Regina Helena Costa,[105] pode ser entendida como um instrumento de praticidade fiscal ao suprir lacunas que poderiam causar dificuldades na aplicação da norma jurídica tributária.

Expressamente prevista no art. 108 do CTN como a primeira forma de integrar a legislação tributária, é de bom alvitre lembrar que tal uso não poderá resultar na exigência

---

104. BALEEIRO, Aliomar. *Direito tributário brasileiro*. 11. ed. Rio de Janeiro: Forense, 1999. p. 313.

105. COSTA, Regina Helena. *Praticabilidade e justiça tributária* cit., p. 194.

de tributo não previsto em lei (conforme estabelece o § 1º do mesmo dispositivo).

Assim, desde que haja lacuna, que existam situações similares e não seja vedado pelo ordenamento, é permitido o uso da analogia pelo Código Tributário Nacional. Contudo, é inconcebível que ela seja entendida como sinônimo de praticidade fiscal.

A analogia é um importante instrumento de integração da norma tributária admitido pelo ordenamento jurídico pátrio. Apesar disso, não há como conceber a analogia como algo utilizado com a finalidade de tornar a tributação eficiente, célere e igualitária. Os fins da analogia não visam tal desiderato de praticidade fiscal; almejam permitir simplesmente que lacunas legais sejam supridas independentemente de essa supressão acarretar (ou não) a norma jurídica tributária eficiente ou célere.

3.5.2.3 Privatização da gestão tributária

Por derradeiro, cabe registrar que uma das técnicas mais comuns, relacionada à praticidade fiscal, tem sido a chamada privatização da gestão tributária. Por intermédio dela o sujeito passivo passa a assumir atividades que seriam de atribuição do ente político tributante.

Tal técnica nasceu para ser exceção, mas em razão da impossibilidade ou da dificuldade do Estado para administrar e fiscalizar eficientemente os inúmeros tributos que titulariza, tem se tornado uma regra cada vez mais presente no sistema tributário.

A participação do contribuinte facilita, sem dúvida, a fiscalização e a arrecadação tributária, o que pode ser constatado, por exemplo, no lançamento tributário por homologação. Nessa espécie de lançamento, o particular quantifica sozinho o tributo, depois o paga antes de qualquer manifestação estatal, para somente então o Fisco vir a pronunciar-se, homologando (ou não) a atividade desenvolvida pelo sujeito passivo.

Independentemente do mecanismo ou instrumento usado, a praticidade fiscal deve ser utilizada de modo a evitar excessos. Resta induvidoso que a praticidade fiscal, atualmente, não pode ser dissociada da atividade estatal, por assegurar a eficácia da tributação (do dever de pagar tributos); entretanto, tal facilitação/padronização não pode ser manuseada pelo Estado de maneira a eliminar, a qualquer custo, os direitos fundamentais dos contribuintes ou outros valores insculpidos na Constituição Federal.

Os padrões fiscais devem ser limitados pela necessidade, universalidade, generalidade, não excessividade, neutralidade e compatibilidade. O Estado, ao impor padrões gerais, deve agir com o intuito de fazer com que todos que se encontram numa mesma situação e tenham capacidade contributiva participem da tributação.

O capítulo seguinte assume a tarefa de abordar eventuais limites que devem ser observados quando da utilização da praticidade fiscal por meio das presunções. E, assim, examinar como podem ser controlados eventuais excessos, se existentes.

4. LIMITES ÀS PRESUNÇÕES PELA PRATICIDADE FISCAL

4.1 Limitações ao poder tributário: noções gerais

Consoante já destacado em capítulo anterior, não há dúvida de que o Estado carece de recursos para fazer frente às inúmeras necessidades públicas a que deve atender. Nesse cenário, os tributos adquirem importante papel, por representarem a principal fonte de recursos que o Estado possui para conseguir efetivar esta finalidade institucional.

Daí por que há um poder de tributar e um correlato dever de pagar, de modo que as pessoas passam a ter o dever fundamental de pagar as imposições tributárias e o Estado a titularizar um correlato poder de tributar tais pessoas.

Como adverte Manoel Cavalcante de Lima Neto,[106] a ideia do que vem a ser o poder tributário é tema controverso, sendo este em linhas gerais entendido como um poder político ou como um poder normativo do Estado. Como poder político, representa uma decisão ou ação criadora dos tributos necessários para o custeio das ilimitadas necessidades púbicas que o Estado tem de implementar.

106. LIMA NETO, Manoel Cavalcante de. *Direitos fundamentais do contribuintes:* limitações constitucionais ao poder de tributar cit., p. 20.

Enquanto poder normativo, o poder tributário assume um viés de apenas uma das expressões do poder normativo estatal. Tal pensamento conduz à noção de que inexiste um poder propriamente dito (ilimitado), mas sim uma competência tributária a ser exercitada nos estreitos limites estabelecidos.

José Casalta Nabais,[107] ao analisar a outra face do dever de pagar tributos, conclui que:

> [...] o dever fundamental de pagar impostos, visto pelo lado do seu titular activo, consubstancia-se na atribuição ao legislador de um poder – o poder tributário (ou fiscal) – para a criação, instituição ou estabelecimento de impostos, isto é, o poder tributário em sentido estrito ou técnico.

A tese do poder político parece ser a mais adequada ao ordenamento jurídico brasileiro, uma vez que o poder de exigir tributos denota algo que advém da soberania estatal. As diferentes competências traçadas na atual Constituição Federal não retiram esse poder estatal, possibilitando a ação criadora de tributos, mas vinculando-a ao Texto Constitucional.

Evidentemente que tal atividade e/ou ação criadora acarreta uma natureza contraprestacional, pois o tributo é pago em razão das inúmeras necessidades públicas realizadas pelo Estado. Tal natureza é mais facilmente verificada nas taxas e contribuições de melhoria, por representarem espécies tributárias vinculadas direta ou indiretamente (respectivamente) a uma atividade estatal.

Contudo, nas demais espécies tributárias (impostos, empréstimos compulsórios e contribuições), também haverá uma contraprestação estatal (em prol de toda a sociedade), em sentido diverso daquela que revela um requisito para os tributos existirem.

As contribuições e os empréstimos compulsórios, para serem criados de acordo com o que exige a atual Constituição

107. NABAIS, José Casalta. *O dever fundamental de pagar tributos* cit., p. 269.

Federal, devem trazer a previsão do destino do produto arrecadado nas suas leis criadoras, o que impõe a exata ideia de que evidentemente o Estado atuará com tais recursos tributários.

E mesmo quanto aos impostos, apesar da destinação de a arrecadação ser vedada e de a materialidade não ser vinculada a qualquer atividade estatal, tem-se um tributo cujo desenho constitucional permite ao governante empregar os recursos arrecadados de acordo com as peculiaridades/necessidades locais. Por exemplo, aplicar mais recursos em um serviço público geral ou em outro (saúde, educação, segurança pública etc.), a depender da política governamental.

Nesse cenário, entende-se que, independentemente da espécie tributária, todos os tributos servem para retribuir o custo que o Estado tem para manter e efetivar as diferentes necessidades públicas. Daí por que se parte da premissa de que eventual natureza contraprestacional (ou não) não exclui a ideia do dever fundamental de pagar tributo, também, como algo inerente ao conteúdo do poder de tributar. Até porque o dever fundamental de pagar tributo é projetado pelo poder de criar tributos como algo correlato.

Assim, o poder tributário existe justamente porque o Estado necessita de recursos para atender às necessidades sociais, o que é típico de todo e qualquer Estado fiscal. Contudo, como o Estado usualmente adentra no patrimônio dos contribuintes com a tributação, faz-se imprescindível que haja limites a este poder de criar tributos.

Tal poder já nasce limitado pelas normas constitucionais expressas e por outros valores, implícitos no texto constitucional, que asseguram, também, direitos fundamentais aos contribuintes. De modo que somente é possível conceber um poder de tributar e um correlato dever fundamental de pagar tributos, se for possível visualizar o acatamento e o respeito aos direitos que são inseparáveis dos contribuintes.

Tais direitos fundamentais revelam valores essenciais da figura humana, tais como os direitos humanos. Nessa perspectiva, não há que se pensar que tais direitos se encontram somente positivados ou, simplesmente, inseridos nas chamadas limitações ao poder de tributar previstas no texto constitucional.

A própria Constituição Federal permitiu a abertura dos direitos e garantias fundamentais, quando fixou expressamente que outros direitos, fora do art. 5º, poderiam ser qualificados como fundamentais.[108]

Inegável, contudo, que muito desses direitos fundamentais encontram-se consubstanciados nos princípios constitucionais tributários, mas vão além destes, estando presentes também nas imunidades tributárias, como observa Ingo Sarlet[109] ao fazer referência ao julgamento da Ação Direta de Inconstitucionalidade 939-7, no qual o STF firmou o entendimento expresso no sentido de que as imunidades seriam direitos e garantias fundamentais dos contribuintes.

O poder tributário deve ser entendido como uma característica de todo Estado fiscal, sendo o tributo pago de acordo com a capacidade que as pessoas têm de contribuir a fim de permitir o custeio das necessidades sociais bancadas pelo Estado.

Cabe anotar que a justiça social e a fiscal também servem como barreiras limítrofes à tributação. São fundamentos do Estado Democrático de Direito e, assim, devem limitar a tributação. Significa dizer que a tributação justa aos contribuintes, a ser dada pelo Estado, também se revela como um direito fundamental, até porque é objetivo constitucional construir uma sociedade justa (art. 3º da CF/1988).

A realização deste importante direito fundamental é alcançada pela efetivação de outros direitos, como observa Ricardo Lobo Torres[110] nas seguintes situações:

---

108. Cf. Art. 5º, § 2º, da Constituição Federal.

109. SARLET, Ingo Wolfgang. *A eficácia dos direitos fundamentais*. 6. ed. rev., atual. e ampl. Porto Alegre: Livraria do Advogado, 2006. p. 137.

110. TORRES, Ricardo Lobo. *Liberdade, segurança e justiça no direito tributário*. Justiça Tributária. Congresso Internacional de Direito Tributário – IBET, 1. São Paulo: Max Limonad, 1998. p. 692-694.

> (i) A capacidade contributiva, princípio fundamental da justiça distributiva, ora expresso no art. 145, § 1º, da CF, traduzindo a solidariedade entre os cidadãos, de modo que maior carga tributária recaia sobre os mais ricos, aliviando-se aquela incidente sobre os mais pobres e dela dispensando os que estão abaixo do mínimo vital; (ii) o custo/benefício ou princípio da equivalência, estampado no art. 145, II e III, da Lei Maior, princípio da justiça comutativa que orienta os tributos de caráter contraprestacional (taxas e contribuições de melhoria); (iii) a solidariedade do grupo, que informa a exigência de ingressos destinados à Seguridade Social (arts. 149 e 195 do Texto Fundamental), na medida em que todos devem contribuir para seu financiamento; e (iv) a distribuição de renda, indicativo do dever do ordenamento jurídico tributário de evitar a concentração de riqueza em mãos de grupos ou organizações.

Importante perceber que tais limites também devem ser observados quando o Estado procura tornar exequível a lei tributária a partir da adoção de padrões que generalizam e tornam mais simples a tributação, como ocorre na praticidade fiscal.

Fixadas tais premissas, nos tópicos seguintes buscar-se-á apontar a utilização desses limites de forma específica à praticidade fiscal pelas presunções, objeto principal do presente trabalho.

Ainda que a praticidade busque a aplicação da norma tributária e assim possibilite uma tributação eficiente e igualitária, é inconcebível aceitar que uma forma "prática" legalmente estabelecida venha a desprezar valores fixados pela Constituição Federal para servirem de limite à tributação, até porque em tal situação não estarão sendo alcançadas nem a igualdade geral, nem a igualdade individual.

4.2 Limites às presunções tributárias

A praticidade fiscal, conforme entendimento já exibido, corresponde à adoção pelo Estado de padrões fiscais que promovam a facilitação/simplificação da execução da legislação tributária, tornando a norma tributária eficiente, exequível e igualitária.

Apesar de, nos dias atuais, ser indispensável a sua utilização e aplicação, para que, de fato, a grande quantidade de normas tributárias possa ser praticada, forçoso concluir que a adoção de tais padrões não pode ser idealizada como ilimitada, mesmo porque é decorrência lógica do poder de tributar.

Desse modo, assim como o poder tributário, a praticidade tributária deve ter o cuidado de preservar os direitos fundamentais dos contribuintes a fim de que estes não sejam esquecidos na busca incessante pelo Estado "prático" e, consequentemente, para que a própria finalidade da padronização tributária (a igualdade geral) seja mantida.

Significa dizer que não se deve negar a necessidade e a possibilidade de utilização de mecanismos de praticidade fiscal nos sistemas tributários atuais, mas sim que esta deve guardar consonância com o sistema tributário de modo a ser compatível com os direitos intrínsecos aos contribuintes, pelo menos no que diz respeito à manutenção do núcleo essencial de tais direitos.

4.2.1 Princípio da Justiça

A utilização de padrões fiscais impõe a estrita relação com a justiça fiscal, já que uma tributação igualitária, efetiva e exequível não pode deturpar a afinidade existente entre o poder de tributar e o dever de pagar tributos. Esta assertiva decorre da constatação de que os excessos do poder de tributar afastam e aniquilam um correlato dever de adimplir a imposição tributária.

Isso implica a destruição do Estado fiscal, já que, como adverte José Casalta Nabais,[111] "o estado fiscal tem ínsita a ideia de limites, limites cuja ultrapassagem o desfigura a tal ponto que, uma vez verificada, já não é mais possível reconhecê-lo como tal".

E se assim é, importante propugnar pela necessidade de a praticidade coexistir respeitando o princípio da justiça,

111. NABAIS, José Casalta. *O dever fundamental de pagar tributos* cit., p. 216.

ainda porque a padronização busca a igualdade geral e essa somente é alcançada por meio da utilização de uma tributação exequível e ampla.

Ao refletir sobre a eventual compatibilidade da praticidade com o princípio da justiça, José Casalta Nabais[112] conclui que:

> A justiça fiscal e a praticabilidade não são incompatíveis, constituindo esta uma das actuais vias – e, por certo, não das menos importantes – de realização daquela. Daí que por detrás da praticabilidade, mormente da simplificação das leis fiscais, ainda esteja o apelo à justiça fiscal, valendo actualmente a divisa duma "justiça fiscal através da simplificação fiscal".

Esse apelo a uma Justiça Fiscal deve ser buscado no momento de criação, pelo legislador de enunciados normativos que não venham a repelir a ideia de justiça social e fiscal, pois restaria sem sentido a criação de instrumentos aptos a executar uma praticidade fiscal que olvide qualquer valor fixado no sistema jurídico.

Regina Helena Costa,[113] além dessa análise hipotética, esclarece ser cabível o exame concreto:

> Para nós, há que se analisar a relação entre justiça e praticabilidade no plano hipotético e em nível concreto.
>
> Pensamos que, do mesmo modo como o dissemos em relação ao conflito existente entre os princípios da praticabilidade e da isonomia, um dos componentes da justiça, no plano hipotético cumpre ao legislador buscar o ponto de equilíbrio entre tais noções, para que, ao invés de utilizar a praticabilidade como instrumento ofensivo à ideia de justiça, esta seja realizável por meio daquela.
>
> Queremos significar, com tal assertiva, que a praticabilidade realiza a justiça viável, exequível. De nada adiantaria falar numa justiça tributária inatingível, etérea, autêntico devaneio diante de um ordenamento jurídico cuja aplicação não leva em conta os valores que a compõem.

---

112. NABAIS, José Casalta. *O dever fundamental de pagar tributos* cit., p. 621.

113. COSTA, Regina Helena, *Praticabilidade e justiça tributária* cit., p. 381-382.

> Diversamente, se o embate entre a justiça e a praticabilidade se revelar num caso concreto, estaremos diante de autêntica colisão de princípios constitucionais, a ser resolvida pelo método da ponderação, desenvolvido por Robert Alexy, por nós já invocado.
>
> Assim, verificada a colisão de tais princípios, forçoso se empreenda a construção de uma regra para o caso concreto, mediante a atribuição de pesos aos diferentes interesses colidentes, de modo a dar aplicação, na maior medida possível, ao princípio mais relevante em face das circunstâncias específicas sob apreciação.

Tal apreciação implica a ideia de que o princípio da justiça, por trazer um valor, prevalece sobre o princípio da praticidade, que denota um limite objetivo.[114] Ou seja, a praticidade serve para instrumentalizar a justiça.

4.2.2 Capacidade contributiva

Conforme já destacado anteriormente, o presente trabalho adota o modelo moderado de igualdade individual procedimentalizada, pelo qual é fixado o entendimento de que a igualdade individual deve prevalecer sobre a geral, sendo deixada de lado no caso de ser impossível ou extremamente onerosa a sua consecução, o que permitiria espaço à igualdade geral, mediante a criação de padrões fiscais.

Nesse cenário, é evidente que a capacidade contributiva (art. 145, § 1º, da CF/1988) foi prestigiada pelo texto constitucional como a regra. Porém, cabe ressaltar que este dever de obediência pode ser afastado pela utilização de mecanismo de padronização fiscal, caso a análise de caracteres particulares dos contribuintes for excessivamente onerosa ou impossível de ser feita.

Desse modo, para que possa ser validamente afastada, é imperioso que seja constatada tal impossibilidade ou a elevada onerosidade na análise do caso concreto, sob pena de haver violação ao princípio da capacidade contributiva. A

114. COSTA, Regina Helena, *Praticabilidade e justiça tributária* cit., p. 382.

capacidade contributiva serve de parâmetro para verificar se a padronização fiscal é ou não válida.

Trata-se de ideia que se afasta do questionável pensamento de que a capacidade contributiva é incompatível com os instrumentos de praticidade fiscal, como esclarece Humberto Ávila:[115]

> Com efeito, enquanto a doutrina, em geral, entende haver uma contraposição entre igualdade e eficiência, examina-se aqui a eficiência como forma de realização da própria igualdade. Ao passo que a doutrina sustenta que a padronização permite o abandono do critério da capacidade contributiva, sustenta-se aqui que a capacidade contributiva é parâmetro permanente para o cotejo da própria validade das generalizações no Direito Tributário.

Trata-se, assim, de princípio constitucional que serve de verdadeiro limite à fixação de presunções tributárias, pois estas somente serão aceitas se tiverem a capacidade contributiva como contraponto.

4.2.3 Igualdade tributária

Conforme já amplamente abordado ao longo do presente trabalho, as presunções fiscais (como instrumentos de fixação de padronizações fiscais) têm como finalidade a busca da igualdade geral, uma vez que a igualdade individual revela-se impossível de ser alcançada ou impraticável de ser exercitada.

Por decorrência lógica, somente as presunções que guardarem estreita observância desse desiderato podem ser aceitas no ordenamento jurídico tributário. Isso dar-se-á somente quando a igualdade puder ser identificada como presente, mediante comparações que possibilitem confrontar dois ou mais sujeitos ou situações e que, nessa análise, seja comprovado que a presunção fixada se acha de acordo com a sua finalidade.

Isso pode ser visualizado na vedação à utilização por determinados profissionais liberais (médicos, por exemplo) do

115. ÁVILA, Humberto. *Teoria da igualdade tributária* cit., p. 33.

regime do Simples Nacional (nos termos da Lei Complementar n. 123 antes do acréscimo realizado pela LC 155/2016) a partir da premissa de que nessa atividade não haveria dominação de mercados. Revela-se aqui que a presunção é fixada sem nenhuma comprovação e distancia-se do real, pois há dominação de mercado por grandes clínicas ou empresas médicas – o que atesta o afastamento do padrão com a igualdade e o consequente desrespeito ao limite fixado pela igualdade tributária.

4.2.4 Fundamentos da praticidade e razoabilidade

Para que a praticidade possa ser aceita como válida, é imprescindível que preencha todos os elementos condicionantes estruturais (pressupostos) já delineados no presente estudo (item 3.4). Trata-se de elementos que levarão à observância dos princípios anteriormente expostos.

As presunções apresentam como limites estruturais: (i) a necessidade administrativa, (ii) a universalidade, (iii) a compatibilidade, (iv) a neutralidade, (v) a não excessividade e (vi) a ajustabilidade ou reversibilidade.

Por tal razão, pertinente e elucidativo é o esclarecimento de Humberto Ávila:[116]

> A padronização somente é válida se necessária (for adotada quando não for possível empregar o modelo de igualdade particular), geral (provocar efeitos desiguais de diminuta extensão, alcance e intensidade), compatível (mantiver vinculação com a realidade antes e depois da formação do padrão), neutra (considerar diferenças estruturais entre os grupos profissionais atingidos), não excessiva (não atingir bens jurídicos essenciais à realização de qualquer direito fundamental) e ajustável (contiver cláusulas de retorno ao modelo particularista de modo criterioso e procedimentalizado).

A não observância desses elementos estruturais resulta na violação de zona de limite apta a impossibilitar a aceitação e a utilização das presunções tributárias legalmente fixadas.

---

116. ÁVILA, Humberto. *Teoria da igualdade tributária* cit., p. 113.

A possiblidade de utilização da Substituição Tributária Progressiva, por exemplo, é indiscutível, desde que sejam respeitados os direitos dos contribuintes (exteriorizados aqui pela imprescindibilidade de observar os pressupostos como limites à padronização).

Em caminho similar, Manoel Cavalcante de Lima Neto[117] sustenta que:

> Consoante temos firmado neste trabalho, a presunção pode fazer parte da composição do fato jurídico tributário sem significar ofensa às garantias dos sujeitos passivos de obrigações tributárias, observados os pressupostos fixados na lei para a sua instituição e assegurado mecanismo para acertamento de eventuais excessos.

Cabe anotar que a constatação dos referidos pressupostos revela estreita intimidade com o princípio da razoabilidade. O enunciado normativo somente será razoável se guardar adequada observância desses elementos limítrofes, em especial a não excessividade e a ajustabilidade, uma vez que ao atingir bens imprescindíveis à realização do núcleo de qualquer direito fundamental e não permitir o ajustamento, mostra-se plenamente desarrazoado.

Ricardo Aziz Cretton,[118] em análise precisa acerca da razoabilidade tributária, esclarece:

> O extravasamento excessivo, desarrazoado, desproporcional da lei tributária, desconsiderando os referidos parâmetros, viciá-la-á irremediavelmente. É o que se dá, muita vez, com a utilização generalizada de presunções absolutas (*iuris et de iure*) e de ficções de direito.

O fato gerador presumido, dessa forma, é perfeitamente possível desde que não ultrapasse os limites fixados pelos pressupostos de todo e qualquer instrumento de padronização e permita a restituição (no caso de não ocorrência). A

117. LIMA NETO, Manoel Cavalcante de. *Substituição tributária* cit., p. 92.

118. CRETTON, Ricardo Aziz. *Os princípios da proporcionalidade e da razoabilidade e sua aplicação no direito tributário.* Rio de Janeiro: Lumen Juris, 2001. p. 105.

superação de tal zona limítrofe fará com que a presunção fatalmente viole o princípio constitucional da razoabilidade.

Em tese, portanto, não há problema algum em relação à substituição tributária progressiva, notadamente porque existe a ajustabilidade na hipótese de o fato gerador presumido não se concretizar.

Não há que se olvidar que o STF,[119] consoante já destacado anteriormente, posicionou-se pela constitucionalidade da presunção, ainda que não haja tal ajustabilidade no caso de diferenças de valores.

Contudo, há dissonância no tocante à referida decisão, na situação em que o fato previsto presumidamente não ocorrer na mesma intensidade (na maioria das situações) tributada.

Mostra-se, no entendimento aqui fixado, pouco razoável manter a padronização quando o padrão se encontra desalinhado com o que ocorre na maioria das situações. Esta deve ser superada a partir de uma fundamentação clara e de uma precisa comprovação de que a diferença de valores é ou passou a ser uma ocorrência na maior parte das situações.

Registre-se que tal dissonância somente ocorre se a diferença surgir em uma intensidade grande, ou seja, se for constatada na maioria das situações. Faltaria, então, elemento estrutural da praticidade fiscal (notadamente a compatibilidade), sendo desarrazoado manter a tributação.

Outra situação exemplificativa que pode vir a representar ausência no atendimento de tais elementos estruturais (limites) é a da presunção fixada pelo art. 18, inciso II, da Lei n. 9.430/1996. Esta, objetivando evitar a transferência indireta de lucros, estabelece o PRL (preço de revenda menos lucro), pelo qual o texto legal (norma jurídica) fixa uma média de preços de venda no país com base numa presunção da margem de lucro fixada legalmente; eventualmente pode afastar-se

119. Ação Direta de Inconstitucionalidade 1.851-4/AL. Disponível em: https://bityli.com/PocPj.

da realidade na maioria das situações e, assim, mostrar-se incompatível e excessiva.

4.2.5 Formais e materiais

As limitações às presunções tributárias podem apresentar-se como limitações de ordem material ou formal. Os limites formais dizem respeito à forma como a presunção foi veiculada no ordenamento jurídico. É a partir da análise dos procedimentos criadores dos textos legais que tal limite pode ser visualizado como observado ou não.

Recentemente, em 13 de outubro de 2020, a ADIn 4.281 (objeto da conversão da ADPF 180), reconheceu a inobservância da forma e, por consequência, ofensa à estrita legalidade tributária, ao analisar a validade do art. 425, inciso I, alínea *b*, e seus §§ 2º e 3º do Decreto Estadual 45.490/2000, do Estado de São Paulo (que criou substituição tributária para operações de circulação de energia elétrica sem que houvesse lei permitindo tal presunção).

Já os limites materiais (apontados nos tópicos anteriores) dizem respeito ao próprio conteúdo das presunções, e, assim, podem ser aferidos pela análise dos textos legais veiculadores da presunção objeto de análise.

As situações em que tais limites são ultrapassados ou esquecidos merecem um melhor controle, pois a invalidade destas deve ser reconhecida pelo Judiciário, o que será abordado no tópico seguinte.

4.3 Controle das presunções inválidas

4.3.1 Validade e invalidade das presunções

Não há dúvida de que a praticidade fiscal pelas presunções conduz a excessos que podem afetar e macular a aceitação das presunções (enquanto instrumentos da praticidade fiscal) como válidas, dada a ofensa patente que geram aos limites fixados pelos direitos fundamentais dos contribuintes. Em tal hipótese, torna-se imprescindível realizar o controle judicial de tais excessos.

Contudo, para que se possa fixar exatamente como deve ser feito tal controle, deve-se compreender a acepção de validade adotada no presente trabalho.

O tema da validade da norma jurídica tributária tem gerado intensa controvérsia doutrinária, como esclarece Marcos Bernardes de Mello[120] ao verificar que "na terminologia jurídica o vocábulo validade costuma ser empregado com diversas acepções".

Percebe-se, sem maiores esforços, que tal debate gira, sobretudo, em torno do que vem a ser a exata concepção da validade da norma jurídica. O que, a depender do entendimento adotado, faz com que despontem antagônicas conclusões acerca do que é uma norma válida (seja tributária ou não).

Alguns doutrinadores partem da premissa de que a validade de uma norma deve ser aferida pela pertinencialidade ao sistema. Assim, se uma norma foi posta no sistema, esta norma é válida. Esta linha de pensar (influenciada por Kelsen e Kant) não faz distinção entre a validade e a existência da norma jurídica. Não há uma preocupação com o plano da existência, pois se uma norma existe (se pertence ao sistema), ela é válida até que outra norma a retire do sistema.

Neste sentido são as lições de Paulo de Barros Carvalho:[121]

> A validade não deve ser tida como predicado monárquico, como propriedade ou como atributo que qualifica a norma jurídica. Tem *status* de relação: é o vínculo que se estabelece entre a proposição normativa, considerada na sua inteireza lógico-sintática, e o sistema do direito posto, de tal sorte que ao dizermos que uma norma "n" é válida, estaremos expressando que ela

120. MELLO, Marcos Bernardes de. *Teoria do fato jurídico:* plano da existência. 7. ed. São Paulo: Saraiva, 1995. p. 33.

121. CARVALHO, Paulo de Barros. *Direito tributário:* fundamentos jurídicos da incidência cit., p. 50.

pertence ao sistema "S". Ser norma é pertencer ao sistema, o "existir jurídico específico" a que alude Kelsen.

Ressalta ainda que:

> É intuitivo crer que a validade se confunde com a existência, de sorte que afirmar que uma norma existe implica reconhecer sua validade, em face de determinado sistema jurídico. Do que se pode inferir: ou a norma existe, está no sistema e é, portanto, válida, ou não existe como norma jurídica.[122]

Kelsen[123] esclarece: "dizer que uma norma é válida é dizer que pressupomos a sua existência ou pressupomos que ela possui 'força de obrigatoriedade' para aqueles cuja conduta regula".

Em direção oposta, há na doutrina quem defenda que a validade não se confunde com a existência da norma jurídica. Combate-se, assim, o pensamento kelseniano acerca da validade, uma vez que esta validade vislumbrada por Kelsen significaria, em verdade, a "existência" da própria norma jurídica.

Esse raciocínio parte da premissa estabelecida por Pontes de Miranda de que existem três planos jurídicos: o da existência, o da validade (uma norma é válida quando está em conformidade com o sistema) e o da eficácia. Vale salientar que a validade e a eficácia pressupõem a existência, ou seja, somente diante de uma norma existente (norma promulgada e publicada) é que se pode versar sobre a sua validade e eficácia. Assim, a validade seria uma qualidade ou atributo da norma (já haveria uma norma existente e esta norma seria qualificada como válida ou não).

Nesse cenário, convém trazer à tona a colação de Marcos Bernardes de Mello[124] a respeito do emprego dos termos existência, validade e eficácia dos fatos jurídicos:

---

122. CARVALHO, Paulo de Barros. *Direito tributário*: fundamentos jurídicos da incidência cit., p. 80.

123. KELSEN, Hans. *Teoria geral do direito e do Estado*. São Paulo: Martins Fontes, 1990. p. 36.

124. MELLO, Marcos Bernardes de. *Teoria do fato jurídico:* plano da existência. 7. ed. cit., p. 78.

> De tudo isso se podem tirar duas conclusões: a) que existência, validade e eficácia são três situações distintas por que podem passar os fatos jurídicos e, portanto, não é possível tratá-las como se fossem iguais; b) que o elemento existência é a base de que dependem os outros elementos.

As conclusões reveladas por Marcos Bernardes de Mello, ainda que tenham como enfoque o fato jurídico, são perfeitamente aplicáveis à norma jurídica do modo como é concebida pelo presente estudo. Seria inteiramente inaceitável crer no plano da existência somente em relação ao fato jurídico, porquanto este fato só é jurídico porque, antes de tudo, o suporte fático de uma norma jurídica concretizou-se.

Uma teoria geral do direito tem de tratar obrigatoriamente de três elementos fundamentais. Primeiro, a norma jurídica, que sozinha não vale nada (é um mero documento escrito), mas quando se acopla o suporte fático da norma ao fato concretizado, tem-se o fato jurídico (que é o segundo elemento). O terceiro elemento é a eficácia jurídica.

Pontes de Miranda, em seu tratado, não trata da norma jurídica. Esta é apenas, para ele, um elemento para a juridicização do fato jurídico. Contudo, o estudo da norma jurídica é essencial, pois sem tal norma não existe fato jurídico.

Nessa seara, Lourival Vilanova[125] adverte que "a validade ou a invalidade atinge não somente a norma jurídica, como o fato jurídico que corresponde ao seu esquema estrutural. Sem o referencial da norma, o fato nem é válido, nem inválido".

Ainda defendendo esse ponto de vista, pode-se vislumbrar, sem grande dificuldade, a validade em campo distinto da existência, ou seja, pode haver: (i) uma norma que exista e seja válida (exemplo: norma publicada e que se encontra em consonância com o sistema); e (ii) uma norma que exista, mas que é inválida (exemplo: norma que foi publicada, mas que não está em conformidade com o sistema).

125. VILANOVA, Lourival. *Causalidade e relação no direito*. 4. ed. São Paulo: RT, 2000. p. 312.

Ora, uma norma que pertence ao sistema (que existe) e que não está em conformidade com o ordenamento não pode ser tida como válida pelo simples fato de pertencer ao sistema. Ou já é válida desde o seu nascedouro, ou é inválida desde o seu surgimento (seja porque não observou o procedimento e o órgão previstos, seja porque o seu conteúdo não está em consonância com o sistema). Vale salientar que a invalidade terá de ser reconhecida (declarada, e não constituída) pelo órgão competente.

A validade não se encontra no plano filosófico ou político. É uma questão de ciência do direito (teoria jurídica) e, por força disso, o tratamento é científico. Discute-se não a legitimidade, mas se a norma existente é compatível e consistente dentro do sistema. A questão, assim, é puramente dogmática.

Tendo em vista que a validade é interpretada de forma diversa pela doutrina, o reconhecimento da invalidade de igual forma pode ser visualizado de maneira diferenciada.

Para aqueles que entendem a validade como pertinencialidade (norma válida é toda norma que pertence ao sistema), uma norma válida somente deixa de sê-lo quando retirada do sistema por outra. Assim, enquanto uma norma não for revogada por outra, continua pertencendo ao sistema; como tal, continua sendo válida (ainda que tenha sido criada por órgão e procedimento distintos dos previstos pelo sistema, e mesmo que o seu conteúdo esteja em desacordo com o estipulado pelo ordenamento, como é o caso das presunções notadamente excessivas).

Não é raro encontrar normas jurídicas tributárias que não estão em conformidade com o sistema, mas que pertencem ao sistema e que por isso são válidas para tal pensamento doutrinário.

Nesse contexto, tal visão doutrinária defende existirem normas que possuem validade absoluta (normas em consonância com o sistema) e normas que possuem validade relativa (normas que não estão em conformidade com o sistema). Ambas são válidas até que sejam expulsas do sistema pelo órgão competente.

Nesse sentido, leciona Paulo Ayres Barreto:[126]

> De toda sorte, norma inserida no sistema por órgão habilitado a produzi-la, seja ele o órgão competente ou não, mediante procedimento previsto no sistema, ainda que presentes vícios formais ou materiais, há de ser considerada válida, mesmo quando incompatível com regras superiores, até que seja expulsa do ordenamento por órgão por ele (sistema) habilitado.

Contudo, conforme já anotado, o presente estudo parte da premissa de que norma válida é aquela criada em conformidade com o sistema. Assim, se uma norma publicada não observou o órgão/procedimento/conteúdo previstos pelo sistema, esta norma deve ser considerada existente, mas inválida.

Evidentemente que essa invalidade há de ser declarada (reconhecida) por um órgão com poderes para tal. O que se quer dizer aqui é que não há de se falar em validade relativa (ou algo nesse sentido) de algo que não é válido; ou o documento normativo é válido ou não é válido.

Decerto que essa invalidade tem de ser reconhecida por um órgão competente, pois só este tem poderes para dizer se uma norma está ou não em conformidade com o sistema. Do contrário, uns "achariam" a norma válida; outros "acreditariam" que a mesma norma seria inválida.

É de suma importância ponderar que esse reconhecimento apenas declara algo que já o é, ou seja, o órgão competente não constitui a invalidade, somente a declara. Com isso fica afastada qualquer confusão entre os planos do mundo jurídico.

Significa dizer que validade tem o sentido de perfeição e denota que a norma não tem nenhum defeito formal ou material. Isso do ponto de vista dogmático, pois pode ser até ilegítima do ponto de vista sociológico. Já a invalidade da norma jurídica representa o oposto, pois ocorre quando falta um dos elementos para que ela seja perfeita. Os casos de invalidade levam à deficiência do suporte fático.

---

126. BARRETO, Paulo Ayres. *Imposto sobre a renda e preços de transferência* cit., p. 28.

Há duas espécies de invalidade da norma jurídica tributária. Primeiramente, a invalidade formal, que revela não haver sido observado algum dos itens do processo (a autoridade não seria competente); ou que algum ato processual não foi atendido (o quórum da norma não foi atendido ou o procedimento especial que havia de ser observado não o foi, denotando ofensa a limites formais).

A segunda espécie de invalidade seria a material, quando há uma incompatibilidade com os fatos que ela regula (incoerência) ou um choque com norma superior (inconsistência). O fato é que, havendo a invalidade (seja formal ou material) da norma jurídica tributária que trata das presunções tributárias (como instrumentos de execução da praticidade fiscal), esta deverá ser reconhecida pelo Poder Judiciário.

Cabe anotar, também, que a norma jurídica tributária criadora de uma presunção válida pode vir a ser posteriormente afastada pela ausência futura de algum elemento estrutural dos padrões fiscais, como adverte Humberto Ávila:[127]

> Porém, mesmo válida, porque necessária e compatível com a igualdade particular, a padronização ainda pode deixar de ser aplicada, tanto por causar um efeito desigual anormal relativamente a determinado contribuinte, quanto por restringir excessivamente algum direito fundamental seu.

A norma tributária presuntiva inválida, portanto, necessita ser declarada (reconhecida) pelo Judiciário. Como forma de controlar tais vícios, o Judiciário deve realizar sua atividade observando se os limites apontados nos itens anteriores (4.2.1 a 4.2.5) foram ou não observados; e, se necessário, deve efetuar uma verdadeira atividade de ponderação.

4.3.2 Mecanismo de controle

Na perspectiva de controlar eventuais vícios nas normas tributárias que veiculam praticidades mediante presunções,

127. ÁVILA, Humberto. *Teoria da igualdade tributária* cit., p. 111.

o Judiciário deve buscar observar se os limites apontados nos itens anteriores (4.2.1 a 4.2.5) estão sendo observados e, quando necessário, efetuar atividade de ponderação como forma de controle das presunções inválidas.

Importante anotar que o mecanismo de controle deve, sobretudo, buscar identificar se os elementos estruturais condicionantes das padronizações fiscais (necessidade administrativa, universalidade, compatibilidade, neutralidade, não excessividade, ajustabilidade) foram respeitados pelo legislador.

Estes correspondem aos principais limites a ser observados, pois condicionam a própria formação estrutural das praticidades fiscais mediante o emprego de presunções. Respeitados tais limites, naturalmente estarão respeitados os demais (igualdade, capacidade contributiva e justiça), tendo em vista que tais elementos condicionantes visam, em última razão, à consecução desses outros valores. Evidente que tal análise pode, eventualmente, gerar dificuldades para o julgador, momento em que o controle deverá apoiar-se na chamada atividade de ponderação.

Nesse cenário, desponta como interessante a proposta formulada por Ana Paula de Barcellos[128] ao indicar um modelo para servir de roteiro para o intérprete autêntico (julgador), a fim de permitir um padrão de conclusão acerca da validade ou invalidade, e que pode ser resumido pela (i) identificação dos conflitos (enunciados normativos); (ii) apuração dos aspectos fáticos relevantes; e (iii) decisão do intérprete de qual solução irá prevalecer.

A identificação dos enunciados normativos deve ser a mais ampla possível, uma vez que qualquer esquecimento pode conduzir a uma instabilidade no caminho da interpretação. Isso ocorreu no já citado julgado do STF, que analisou a validade/invalidade da substituição tributária progressiva (para frente), sem levar em conta todos os limites já apontados no estudo para a utilização da praticidade fiscal.

---

128. BARCELLOS, Ana Paula de. *Ponderação, racionalidade e atividade jurisdicional.* Rio de Janeiro: Renovar, 2005. p. 91-92.

Daí por que, pela técnica construída pela referida autora, todos os elementos devem ser levados em conta a fim de analisar a validade ou invalidade de uma norma tributária que veicula uma presunção para fins de praticidade tributária. Importante perceber que, normalmente, quando as partes discutem a validade ou a invalidade de uma norma jurídica tributária, ambas procuram levar ao julgador todos os argumentos possíveis, facilitando assim o início da atividade do julgador para reconhecer a validade ou invalidade da norma presuntiva.

Cabe esclarecer que a ponderação revela-se como uma técnica de decisão jurídica. Assim, segundo a mesma autora, caberá ao julgador, em uma tentativa de evitar politizar as decisões proferidas, analisar apenas os enunciados normativos em conflito, esclarecendo o sentido da norma jurídica.

Sendo importante, neste primeiro momento, e objetivando o controle das normas presuntivas inválidas, a identificação dos enunciados legais. Não teria lógica iniciar o processo pelo sentido da norma, já que este representa justamente o resultado dos enunciados interpretados.

O segundo passo é analisar as particularidades do caso concreto e suas consequências sobre os enunciados normativos identificados na primeira etapa. Em outras palavras, busca-se analisar os fatos concretos relevantes e suas repercussões sobre os enunciados normativos objeto de ponderação.

Depois de revelados os elementos normativos e fáticos (primeira e segunda etapa, respectivamente), pode-se ir para a terceira e última etapa. Trata-se da fase mais complicada, pois, como ensina Ana Paula de Barcellos:[129]

> Identificados todos os elementos pertinentes – normativos e fáticos – chega-se afinal à fase de decisão. É nesta etapa que se estará examinando conjuntamente os diferentes grupos de enunciados, a repercussão dos fatos sobre eles e as diferentes normas que podem ser construídas, tudo a fim de apurar os pesos que

129. BARCELLOS, Ana Paula de. *Ponderação, racionalidade e atividade jurisdicional* cit., p. 123-124.

> devem ser atribuídos aos diversos elementos em disputa. Diante da distribuição de pesos – e esse o diferencial da ponderação – será o momento de definir se é possível conciliar os diferentes elementos normativos ou se algum deles deve preponderar e, afinal, qual a norma que dará a solução ao caso.

Segundo a mesma autora, três diretrizes devem influenciar esta terceira etapa para que a ponderação obtenha sucesso: uma pretensão de universalidade (a interpretação deve basear-se em argumentos que sejam aceitáveis e compreensíveis para toda a sociedade, além de o sentido dado ter a possibilidade de alcançar situações semelhantes), a concordância prática (harmonização ou equilíbrio recíprocos entre os enunciados) e o núcleo essencial dos direitos fundamentais.

No que diz respeito ao núcleo essencial dos direitos fundamentais, parte-se da premissa de que apesar de os direitos fundamentais poderem sofrer adaptações ou restrições, estas não poderão alterar substancialmente o sentido essencial de tais direitos.

Tais premissas podem ser perfeitamente utilizadas para aferir a incompatibilidade, com o Sistema Constitucional Tributário, de determinada norma tributária presuntiva que não respeitar o núcleo essencial de direitos fundamentais dos contribuintes, a pretexto de tornar a execução da lei tributária mais simples, igualitária e eficiente. Revela-se, desse modo, a invalidade da norma presuntiva.

Florence Haret,[130] visando controlar as presunções que não observam os limites impostos pelos direitos fundamentais dos contribuintes, reduz tal atividade à questão de hierarquia de valor:

> No confronto entre regras presuntivas contrárias ou contraditórias entre si ou entre elas e outras normas de direito é imprescindível que seja localizado esse valor proeminente da norma presuntiva e daquela outra que lhe é conflitante e, a partir dessa primeira análise, realizado o encontro entre os conteúdos axiológicos em jogo, a decisão jurídica fará irromper aquele que lhe será

130. HARET, Florence. *Teoria e prática das presunções no direito tributário* cit., p. 803-804.

> superior na situação apresentada. A hierarquia entre os valores é dada, portanto, pelo exegeta que, avaliando o peso desses enunciados superiores em planos sistêmicos, fará a opção por um ou outro, organizando a estrutura escalonar desses conteúdos. Não há pois normas vencedoras, a presunção "ganhando" espaço no direito em detrimento de outro enunciado, o que há é, sim, o arranjo desses cânones superiores, segundo a exegese sistêmica.

Talvez por ser um tema ainda pouco debatido pela doutrina, a praticidade fiscal por intermédio das presunções não tem sido objeto de grande preocupação pela jurisprudência brasileira, como esclarece Regina Helena Costa.[131]

Importante julgado, já apontado no presente estudo, versou sobre a possiblidade de adoção do fato gerador presumido na substituição tributária progressiva, na ADIn 1.851-4/AL, em que o tribunal entendeu ser razoável a adoção de tal padronização, tendo em vista que tal presunção viabilizaria a tributação em setores de difícil fiscalização e arrecadação.

Relevante destacar que a substituição tributária surgiu muito antes de a Emenda Constitucional n. 3/1993 ter criado o § 7º do art. 150 (CF/1988). Tem origem histórica desde 1968, num momento em que havia um forte controle da economia e a base de cálculo era controlada (tabelada) e não presumida. Daí por que somente se tornou polêmica quando, de fato, o cálculo tornou-se presumido.

A decisão do STF, porém, não levou em conta todos os pressupostos estruturais condicionantes das padronizações tributárias, não admitindo o afastamento da substituição tributária progressiva quando o fato acontecer em menor ou maior intensidade na maioria das situações tributadas. Hipótese na qual a norma jurídica não estará sendo universal, mas excessiva.

Outra situação distinta que revela uma presunção analisada pela jurisprudência nacional é a da cobrança do Imposto sobre a Circulação de Mercadorias e Serviços (ICMS) com base

131. COSTA, Regina Helena. *Praticabilidade e justiça tributária* cit., p. 340.

nas pautas fiscais. O Superior Tribunal de Justiça (STJ) firmou entendimento[132] no sentido da invalidade de tal cobrança.

O entendimento firmado, adequadamente, parte da premissa de que a cobrança com base em pautas fiscais mostra-se em desacordo com a realidade (verdade ou realidade material), ofendendo importante vetor constitucional e limite imposto às padronizações fiscais (elemento condicionante estrutural).

Evidentemente que a mesma análise, com base no mesmo roteiro de interpretação já apontado, pode levar ao entendimento de exações tributárias com base em presunções válidas. Assim, por exemplo, na presunção de certeza e liquidez da dívida tributária, que facilita a cobrança das dívidas tributárias e simplifica a arrecadação tributária, mas que por ser relativa (admitir prova em sentido contrário) não desrespeita nenhum limite estrutural.

De igual modo, no lucro presumido como base de cálculo do imposto de renda das pessoas jurídicas. Apesar de ser uma presunção absoluta (uma vez escolhido, não pode ser retratado), não é algo obrigatório, mas sim uma mera opção que o contribuinte possui de escolher o regime de tributação com base em tal presunção. Assim, por uma dedução lógica, não ofende direitos do contribuinte que optou por tal sistemática.

Percebe-se, desse modo, que as praticidades fiscais pelas presunções sofrem limitações e, portanto, devem guardar respeito aos valores basilares do Sistema Constitucional Tributário brasileiro. Na hipótese da não observância desses limites, o Poder Judiciário poderá e deverá exercitar um controle das normas presuntivas por meio da ponderação, dentro de um roteiro objetivo previamente traçado.

---

132. EDREsp 81-642-SP; RE nos EDcl no RMS 18.677-MT; AgRg no REsp 1.021.744-MA (2ª T, 19.05.2009 – DJe 1º.06.2009; STJ, Súmula 431, Primeira Seção, 24.03.2010, *DJe* 13.05.2010. Disponível em: https://cutt.ly/Pn2myPW.

4.3.3 Controle do ato administrativo pelo Judiciário

No contexto dos controles das presunções, não se podem esquecer os atos praticados pela Administração Pública embasados por determinada presunção tributária inválida. Tais presunções, enquanto instrumentos de praticidade tributária, terão como objeto a eficiência da tributação e, assim, possibilitarão a prática de atos administrativos com o condão de constituir determinado crédito tributário mediante lançamento tributário.

Nesse contexto, o Judiciário como órgão de controle das presunções inválidas terá, inquestionavelmente, a possiblidade de atuar como legislador negativo. Ou seja, é indiscutível que o julgador terá a possiblidade de afastar o ato administrativo que ofender o ordenamento jurídico em vigor.

Mas, poderá o julgador atuar como legislador positivo e, em vez de simplesmente invalidar, determinar como deve ser aplicada corretamente a presunção inválida? Trata-se de questionamento importante, cujo deslinde revela os limites do controle da decisão judicial sobre o ato administrativo que aplica determinada presunção inválida.

A não aceitação da figura do legislador positivo normalmente apresenta como lastro basilar o Princípio da Separação dos Poderes e a falta de legitimidade do Judiciário para imiscuir-se no papel do Poder Legislativo. Concepção esta que, influenciada pelas ideias de Montesquieu,[133] poderia reduzir o juiz a uma mera "boca da lei".

Por outro lado, o entendimento pela aceitação da figura do legislador positivo impõe a necessidade de ultrapassar tal pensamento montesquiano a fim de permitir que o Judiciário possa realizar o seu desiderato principal: garantir a supremacia da Constituição por meio do controle judicial.

133. MONTESQUIEU, Charles Louis de Secondant, baron de La Brède et de. Trad. Fernando Henrique Cardoso. *O espírito das leis*. Brasília: Universidade de Brasília, 1982.

Admitindo tal possibilidade, Sérgio Fernando Moro[134] adverte:

> O dogma da vedação à atuação judicial como "legislador positivo" não tem, portanto, base racional, não sendo, outrossim, decorrente de comando constitucional expresso. Admiti-lo por construção jurisprudencial vai de encontro ao princípio da Supremacia da Constituição e ao princípio da efetividade, deste decorrente, apenas representando abdicação indevida pelo Judiciário da função de controle atribuída pela Constituição.

Em tal contexto, o julgador estaria autorizado a atuar como legislador positivo a fim de afastar ato administrativo (lançamento) que resultou na exigência de tributo constituído a partir de presunção tributária inválida e fixar a correta aplicação da presunção tributária.

Assim, ao deixar de simplesmente invalidar a presunção, o juiz deve a aplicar corretamente mediante decisão que expresse fundamentação consistente e que revele que a eficiência, a celeridade e a igualdade almejadas pela praticidade fiscal podem ser alcançadas pela correção do ato administrativo.

Esse ativismo judicial apresenta reflexos na própria legitimidade argumentativa utilizada na decisão judicial, que resultaria da forma como o julgador decide e de qual argumentação utiliza para fundamentar a sua decisão. Significa dizer que, por tal pensamento, o julgador estaria apto a corrigir a presunção inválida, desde que consiga convencer com argumentos extraídos a partir do próprio ordenamento jurídico, que os fundamentos da sua decisão alcançam o desiderato almejado pelo legislador (como tornar exequível e prática a legislação).

Contudo, apesar do avanço da hermenêutica, não se deve aceitar indiscriminadamente este ativismo judicial (como regra) no controle dos lançamentos tributários baseados em

134. MORO, Sérgio Fernando. Por uma revisão da teoria da aplicabilidade das normas constitucionais. *Revista de Direito Constitucional e Internacional*, São Paulo, ano 9, n. 37, p. 104, out.-dez. 2001.

presunções tributárias inválidas, até mesmo para guardar coerência com as ideias desenvolvidas ao longo do presente estudo.

Em um sistema jurídico como o brasileiro, caracterizado por ser de direito positivo (*Civil Law*), a lei (norma jurídica) é revelada como um corolário da segurança jurídica e, por isso mesmo, lastreia quais seriam as possibilidades jurídicas possíveis.

Apesar de se adotar o sistema do *Civil Law* e, assim, a atuação do julgador (intérprete) ser direcionada pela lei, há inúmeros casos em que a jurisprudência prepondera sobre a norma jurídica (texto normativo), como ocorre, por exemplo, na modulação dos efeitos e na interpretação conforme a Constituição.

Tendo este estudo firmado a ideia de que a norma jurídica corresponde ao textos legais, somente excepcionalmente há de se admitir tal atividade julgadora (legislador positivo) em face do lançamento tributário (ato administrativo). Regra geral, o julgador deve aplicar as normas previstas no sistema, afastando as normas inválidas existentes no ordenamento jurídico (legislador negativo).

É de bom alvitre ressaltar, contudo, que tal regra não torna o papel do julgador reduzido a uma mera "boca da lei"; este irá assumir a importante missão de aferir a validade da norma presuntiva de acordo com as três premissas básicas que qualificam a validade, já desenvolvidas ao longo do trabalho (ter sido criada pelo órgão competente, ter observado o procedimento adequado e ter um conteúdo que guarda consonância com as demais normas do sistema).

Não se pode negar a importância do julgador, nesse cenário, ao invalidar o ato administrativo embasado em norma presuntiva que não guarda compatibilidade com o sistema jurídico. Trata-se de importante atividade hermenêutica que observará os limites expostos nos itens anteriores e, se necessário, empregará ponderação na análise do caso concreto a fim de afastar ou não determinada norma tributária.

Contrário à tese do legislador positivo em qualquer hipótese, ao analisar a isenção tributária de imposto de operações financeiras (IOF), prevista no Decreto-lei n. 2.434/1988 (que condicionava o benefício às importações cobertas por guia expedida a partir de 1º de julho de 1988), decidiu o STF[135] que o julgador não poderia estender isenções de modo a alcançar situações não previstas pelo legislador.

Contudo, a possiblidade do legislador positivo pode ser visualizada (excepcionalmente) nas situações de inconstitucionalidade por omissão do legislador. Nesse sentido, importante esclarecimento consta do voto do Ministro Gilmar Mendes, na ADIn 1.351/DF:[136]

> É possível antever que o Supremo Tribunal Federal acabe por se livrar do vetusto dogma do legislador negativo e se alie à mais progressiva linha jurisprudencial das decisões interpretativas com eficácia aditiva, já adotadas pelas principais Cortes Constitucionais europeias. A assunção de uma atuação criativa pelo Tribunal poderá ser determinante para a solução de antigos problemas relacionados à inconstitucionalidade por omissão, que muitas vezes causam entraves para a efetivação de direitos e garantias fundamentais asseguradas pelo texto constitucional.

Em tal perspectiva, a ideia do legislador positivo deve ser admitida, pois existe uma omissão do legislador ou do administrador que está a impedir que determinado direito seja exercitado ou usufruído. É evidente que não se confunde com as situações em que há texto legal inválido e ato administrativo (lançamento tributário) decorrente dele.

Na perspectiva de uma atuação positiva do Judiciário, também há que se admitir tal possibilidade em razão da isonomia. Em tal trilha de pensamento, é a precisa lição de Manoel Cavalcante de Lima Neto:[137]

---

135. Supremo Tribunal Federal. Recurso Extraordinário 178.932. Relator Ministro Celso de Mello. *DJ* 07.04.1995.

136. ADI 1351. Tribunal Pleno. Relator Ministro Marco Aurélio, julgado em 07.12.2006, *DJ* 30.03.2007, p. 68. Ement v. 02270-01, p. 19. Republicação: *DJ* 29.06.2007, p. 31 – *RTJ* v. 207-01, p. 116.

137. LIMA NETO, Manoel Cavalcante de. *Direitos fundamentais do contribuintes:* limitações constitucionais ao poder de tributar cit., p. 196-197.

> De fato, a declaração de inconstitucionalidade de uma norma que exclua vantagem sem justificação só pode ser superada com uma atuação da isonomia no sentido positivo, por parte do judiciário. Igualmente, a lei concessiva de benefício fiscal que não esteja classificada no que a doutrina chama de "privilégio odioso" só pode concretizar a norma que impõe o tratamento isonômico pela atuação positiva que redunda na extensão judicial do benefício, ou seja, implica inclusão dos que foram arbitrariamente excluídos para compatibilizar a lei com o princípio da igualdade.

Com efeito, Gilmar Ferreira Mendes[138] – ao explanar sobre o grande números de normas que tiveram a inconstitucionalidade reconhecida pelo STF – adverte para o caráter dúplice (negativo e positivo) que tais decisões podem revelar:

> Esses números ressaltam a importância do controle de constitucionalidade no ordenamento jurídico brasileiro. Eles demonstram também que, enquanto pretenso "legislador negativo", o Supremo Tribunal Federal – bem como qualquer outra Corte com funções constitucionais – acaba por exercer um papel de "legislador positivo". É que o poder de eliminar alternativas normativas contém, igualmente, a faculdade de, por via direta ou transversa, indicar as fórmulas admitidas ou toleradas.

Por tal razão, apesar de a atividade julgadora atuar em regra de modo a afastar a invalidade das presunções (legislador negativo), é possível que este excepcionalmente assuma o papel de legislador positivo: quando houver omissão do legislador ou administrador ou quando a atuação positiva conduz a uma busca da isonomia tributária. Pois, em tais casos a simples declaração da invalidade não teria o condão de corrigir a inconstitucionalidade ou ilegalidade.

Com base em tal entendimento, a situação já ilustrada, em que o STF decidiu que o julgador não poderia estender a isenção do Imposto sobre Operações Financeiras (IOF) de modo a alcançar situações anteriores à data fixada pelo Decreto-lei n. 2.434/1988, necessita ser repensada.

---

138. MENDES, Gilmar Ferreira. Teoria da legislação e controle de constitucionalidade: algumas notas. *Revista Jurídica Virtual*, ano 01, v. 01, maio 1999. Disponível em: www.planalto.gov.br/ccivil_03/revista/Rev_01/teoria.htm. Acesso em: 1º mar. 2015.

Em tal situação, a não extensão do benefício traz uma grave distorção à isonomia, que pode ser afastada pela extensão do benefício as demais situações pelo Judiciário (legislador positivo) e não pelo afastamento do benefício que, por si só, não traria qualquer ofensa à isonomia em relação à concessão do benefício.

Nesse ponto, elucidativa a lição de Manoel Cavalcante de Lima Neto[139] ao tratar da decisão do STF que ampliou para servidores civis determinado aumento salarial fixado pela lei apenas para os servidores militares:[140]

> Em verdade, inconstitucional por ofensa à isonomia não é a concessão de benefício em si, mas a não extensão aos demais que deveriam ser contemplados. Nas discriminações positivas, portanto, não há ausência de lei para que se invoque uma atuação de legislador positivo pelo judiciário e sim uma ampliação do alcance da lei para atingir outros contribuintes, caracterizando uma modalidade de interpretação extensiva ou, ainda dentro das opções do aplicador, o reconhecimento de lacuna a ser integrada pela analogia com a situação expressamente regulada.
>
> Afinal, é preciso deixar claro que a autorização da atuação positiva do judiciário, de forma ampla, extrai-se diretamente da Constituição Federal quando cuida dos direitos e garantias fundamentais, onde está sedimentada a norma que impõe a isonomia e particularmente a isonomia tributária alçada à condição de direito fundamental dos contribuintes.

A fim de demonstrar o entendimento aqui firmado, pode-se indicar a situação que ocorre na fixação das chamadas plantas genéricas de valores imobiliários do Imposto sobre a Propriedade Territorial Urbana (IPTU). Tais plantas, como esclarece José Eduardo Soares de Mello,[141] correspondem a algo:

139. LIMA NETO, Manoel Cavalcante de. *Direitos fundamentais do contribuintes:* limitações constitucionais ao poder de tributar cit., p. 197.

140. Recurso Ordinário em Mandado de Segurança nº 22.307/DF.

141. MELO, José Eduardo Soares de; PAULSEN, Leandro. *Impostos federais, estaduais e municipais.* Porto Alegre: Livraria do Advogado, 2012. p. 237.

> [...] que constitui um parâmetro para efeito de consideração do adequado valor venal, por representar os reais elementos do mercado imobiliário [...], apresenta-se como uma base calculada concernente à regulação para possibilitar a aferição e apuração dos valores específicos dos imóveis, que serão objeto dos lançamentos do imposto.

Assim, revelam-se como presunções que buscam permitir a fixação da base de cálculo do IPTU a partir de valores prováveis dos imóveis. Assumem o perfil de um mecanismo de praticidade fiscal, como assevera Misabel Derzi:[142]

> Se é a Fazenda Pública que alega o "estado de necessidade administrativo", na expressão dos juristas alemães, estando impedida de proceder à cuidadosa avaliação individual requerida pela lei, as plantas de valores genéricos passam a atuar como "presunções de valor", a tributação individual converte-se em tributação pela média e, como diz Isensee, a legalidade do caso concreto isolado transforma-se em legalidade do caso padrão.

As plantas genéricas, assim, devem guardar relação com a média dos valores imobiliários, de modo a possibilitar que o crédito exigido pelo ato administrativo (lançamento tributário) guarde compatibilidade com a realidade.

Ocorre que tal relação nem sempre é observada. Pode ocorrer de a presunção (que embasou o lançamento tributário) afastar-se da realidade e levar o contribuinte a pagar imposto (IPTU) em valor mais elevado do que o que pagaria se houvesse uma análise individual da propriedade.

Isso pode levar a uma análise judicial acerca da validade (ou não) dessa presunção exposta no ato administrativo (lançamento) e, ainda, a uma apreciação do papel do julgador neste cenário: de invalidar o ato (legislador negativo) ou corrigir o valor fixado no lançamento tributário (legislador positivo).

Conforme as ideias já firmadas ao longo do trabalho, o julgador terá a importante missão de analisar a validade/

142. DERZI, Misabel. *Direito tributário*. Direito penal e tipo cit., 1988, p. 282.

invalidade da norma a partir da análise dos limites já expostos (notadamente a compatibilidade) e reconhecer a invalidade, anulando o ato do lançamento individualmente e permitindo que a Administração efetue adequadamente a tarefa que lhe é privativa (lançamento tributário).

Contudo, no caso de a planta genérica de valores alcançar a maior parte das situações tributadas de maneira isonômica e seja compatível com a realidade, constata-se que a tal presunção não ofende a igualdade geral. E se vier a apresentar distorção grave unicamente em relação a determinado imóvel que teve um valor fixado muito acima do praticado em condições normais de mercado, representa ofensa à igualdade individual.

O problema, assim, não está na fixação das plantas de valores, pois estas não ofendem a igualdade tributária (geral). Mas na agressão à isonomia individual. Sendo, nesse caso, permitido que o Judiciário fixe o novo valor devido (menor) e, assim, afaste a ofensa à isonomia individual e, a um só tempo, permita que a igualdade geral permaneça sendo observada.

5. CONCLUSÕES

Deve-se buscar compreender a norma jurídica como algo que surge em função da vida em sociedade, como um processo ou instrumento de controle social. Ocorre uma relação de dependência e vinculação entre as normas de direito e a sociedade, de modo que normas somente nascem em razão das sociedades e estas apenas se mantêm devido às normas de Direito.

A norma jurídica somente é confeccionada pelo legislador, que é quem tem o poder de fazê-la na comunidade jurídica. Desse modo, deve ser entendida como textos legais e não como fruto de uma atividade interpretativa. É o intérprete um mero aplicador da norma (texto legal) quando determinado fato ocorre, desde que este possa ser amoldado à hipótese legal.

Como a norma jurídica corresponde ao próprio texto legal, é importante constatar que mesmo nas lacunas legais o intérprete não cria normas jurídicas, mas tão somente revela uma norma que já existe no ordenamento jurídico de maneira implícita.

Toda norma jurídica tributária (texto legal) apresenta a previsão de um fato e fixa quais serão os correlatos efeitos que a concretização desse fato irá acarretar nas relações sociais existentes – ainda que tal estrutura somente possa ser visualizada, em determinados textos, a partir de uma análise das normas em conjunto com os demais textos legais que compõem o ordenamento jurídico.

A ausência de qualquer um desses dois elementos torna a norma jurídica imprestável, pois a deixará como algo sem sentido lógico. Se o texto legal apenas possuir um suporte fático, ele não estará regulando em nada a vida em sociedade, uma vez que não foi eleita conduta alguma pelo legislador e, desse modo, não poderá haver o nascimento do fato jurídico. Do mesmo modo, a falta do preceito, tendo em vista a impossibilidade de produção de qualquer efeito no seio social.

Norma incompleta não pode ser admitida, pois a ausência de qualquer um dos elementos estruturais da norma a inviabiliza como norma. Sendo completa a norma, independe de uma sanção. Sendo suficiente, para ser completa, é necessário que a norma contenha um suporte fático e a prescrição de um preceito correlato a ele, independentemente de esses efeitos corresponderem a uma sanção.

A estrutura completa do suporte fático da norma jurídica contém os seguintes elementos: (i) nucleares (com o cerne nuclear e elementos completantes), (ii) complementares e (iii) integrativos do suporte fático normativo.

O cerne do suporte fático diz respeito ao fato nuclear que determina o seu desenho e revela a sua concretização. Já os elementos completantes do núcleo servem somente para completar o núcleo do suporte fático.

Tendo em vista que tais elementos (cerne e completantes) formam a base nuclear do suporte fático, pode-se dizer que eles atuam sobre a existência do fato jurídico. Assim, a falta de qualquer um deles obsta que o fato possa ser concretizado.

Os elementos complementares são agregados ao núcleo sem, contudo, servir para completar a estrutura. Apenas complementam a base nuclear e, por isso mesmo, somente repercutem na eficiência do suporte fático (limitando-se ao plano da validade).

O elemento integrativo não é encontrado em todo suporte fático normativo, mas apenas em algumas situações pela previsão de determinada prática por uma pessoa estranha à relação jurídica. Atua no sentido de acrescentar certo efeito à eficácia comum do negócio jurídico. Por tal razão, não afeta a existência do suporte fático, mas tão somente a eficiência deste (limitando-se ao plano da eficácia).

As normas jurídicas veiculadoras de presunções não constituem uma inovação da atualidade; ao contrário, sempre fizeram parte da história das normas do direito. Do mesmo modo ocorre nas normas jurídicas tributárias (textos legais), em que presunções tributárias constituem prática amplamente utilizada ao longo da história dos ordenamentos jurídicos.

O uso cada vez maior de presunções tributárias mostra-se conveniente e justifica-se pela necessidade de a Administração criar mecanismos que tornem mais simples e eficiente a aplicação da legislação tributária. Isso denota a impossibilidade ou ineficiência do Fisco diante das inúmeras situações tributadas e da ampla quantidade de contribuintes sujeitos à exação tributária.

As presunções, ao admitirem a existência de um fato, concluem pela existência de outro, permitindo a produção de efeitos em um processo lógico, o que impõe a necessidade de que tal processo lógico (juízo) deva demonstrar uma relação de causalidade (lógica, e não natural).

As presunções em matéria tributária sempre devem buscar ser relativas (admitir prova em contrário); entretanto, apesar de isso ser preferível, constata-se que podem existir presunções absolutas sem que haja ofensa à ordem constitucional vigente (como ocorre no lucro presumido do imposto de renda das pessoas jurídicas).

O poder de tributar estatal permite a ideia de um correlato dever fundamental de pagar tributos, uma vez que estes representam a principal fonte de obtenção de recursos necessários para o Estado atingir suas finalidades institucionais (atender ao interesse público).

Com o agigantamento do exercício do poder estatal, passou a ser indispensável a criação de formas que assegurassem a igualdade e a justiça tributária a fim de permitir que a atividade estatal de administração, fiscalização e arrecadação tributária pudesse ser exequível. Surge, dessa forma, o que se convencionou denominar pragmatismo fiscal, praticabilidade tributária ou praticidade fiscal.

A praticidade deve ser entendida como um verdadeiro princípio disposto implicitamente no Texto Constitucional e que almeja tornar a máquina estatal mais célere, econômica e, por consequência, eficaz, permitindo uma maior eficiência da fiscalização e da arrecadação tributária. Representa o interesse público.

A praticidade fiscal, apesar da necessidade administrativa e do limite objetivo imposto, não pode ser utilizada de maneira exacerbada, eliminando, a qualquer custo, os direitos fundamentais dos contribuintes ou outros valores ou limites insculpidos na Constituição Federal.

A justiça social/fiscal também representa uma barreira à tributação pela praticidade fiscal por meio das presunções, até porque é objetivo constitucional construir uma sociedade justa (art. 3º, I, da CF/1988).

Além do princípio da justiça, é possível visualizar a capacidade contributiva, a igualdade tributária, os próprios elementos estruturais condicionantes das padronizações fiscais e a razoabilidade como verdadeiros limites a serem observados para aferir a validade ou a invalidade de uma presunção.

A partir da análise de presunções legais existentes, constata-se que muitas das presunções tributárias criadas não observam tais barreiras limítrofes. Pode-se, nesse cenário, concluir pela presença de presunções inválidas.

Adotada a concepção de que norma válida é aquela criada em conformidade com o sistema, a norma inválida é aquela criada sem observar o órgão e o procedimento previstos pelo sistema, ou cujo conteúdo encontra-se em desacordo com as demais normas do sistema.

Observa-se, ainda, que a invalidade há de ser declarada (reconhecida) por um órgão com poderes para tal. A norma tributária presuntiva inválida, portanto, necessita ser declarada (reconhecida) pelo Judiciário. Como forma de controlar tais vícios, o Judiciário deve buscar observar o preenchimento dos elementos estruturais das praticidades fiscais, atentando para os outros limites existentes (igualdade, capacidade contributiva e justiça) e utilizando-se, quando necessário, da atividade de ponderação, a fim de declarar a validade ou a invalidade da norma tributária presuntiva.

Por tal razão, somente se admite a figura do legislador positivo nos casos de omissão do legislador (ou da Administração Pública) e nas situações em que a atuação positiva do julgador tenha em vista a isonomia tributária.

Por derradeiro, percebe-se que se trata de um tema ainda muito pouco discutido na doutrina e na jurisprudência pátrias. Decerto que as praticidades fiscais pelas presunções sofrem limitações pelos direitos fundamentais dos contribuintes. Eventuais excessos, entretanto, podem ser controlados pelo Poder Judiciário.

REFERÊNCIAS

AMARO, Luciano. *Direito tributário brasileiro*. 6. ed. São Paulo: Saraiva, 2001.

ATALIBA, Geraldo. *Lançamento – Procedimento regrado*. Estudos e parecer de direito tributário. São Paulo: RT, 1978. v. 2.

_____. *Sistema constitucional tributário brasileiro*. São Paulo: RT, 1968.

ÁVILA, Humberto. *Segurança jurídica*. Entre permanência, mudança e realização no direito tributário. São Paulo: Malheiros, 2011.

_____. *Teoria da igualdade tributária*. 2. ed. São Paulo: Malheiros, 2009.

BALEEIRO, Aliomar. *Direito tributário brasileiro*. 11. ed. Rio de Janeiro: Forense, 1999.

BARCELLOS, Ana Paula de. *Ponderação, racionalidade e atividade jurisdicional*. Rio de Janeiro: Renovar, 2005.

BARRETO, Aires. F. *Base de cálculo, alíquota e princípios constitucionais*. 2. ed. São Paulo: Max Limonad, 1998.

BARRETO, Paulo Ayres. *Imposto sobre a renda e preços de transferência*. São Paulo: Dialética, 2001.

BRASIL. Superior Tribunal de Justiça. Súmula n. 431. Primeira Seção. 24.03.2010. *DJe* 13.05.2010. Disponível em: https://cutt.ly/Pn2myPW.

BRASIL. Supremo Tribunal Federal. Ação Direta de Inconstitucionalidade 1.351. Tribunal Pleno. Relator Ministro Marco Aurélio, julgado em 07.12.2006, DJ 30.03.2007, p. 68. Ement v. 02270-01, p. 19. Republicação: *DJ* 29.06.2007, p. 31 – *RTJ* v. 207-01, p. 116.

_____. Supremo Tribunal Federal. Ação Direta de Inconstitucionalidade 4.927-4/DF. Relatora Ministra Rosa Weber. *DJe* 18.04.2013. Disponível em: https://cutt.ly/DnWcvto.

_____. Supremo Tribunal Federal. Tema 185 – Incidência do imposto de renda sobre os resultados financeiros verificados na liquidação de contratos de *swap* para fins de *hedge*. Relator Min. Marco Aurélio, RE 1224696. Disponível em: https://cutt.ly/dn2cFZL.

_____. Supremo Tribunal Federal. Ação Direta de Inconstitucionalidade 1.851-4/AL. Tribunal Pleno. Relator Ministro Ilmar Galvão. *DJ* 13.12.2002. Disponível em: https://bityli.com/PocPj.

_____. Supremo Tribunal Federal. Ação Direta de Inconstitucionalidade 6.025/DF. Tribunal Pleno. Relator Ministro Alexandre de Moraes. J. 20.04.2020. Disponível em: https://cutt.ly/nn2bbS7.

_____. Supremo Tribunal Federal. Recurso Extraordinário. 178.932. Relator Ministro Celso de Mello. *DJ* 07.04.1995. Disponível em: https://cutt.ly/Hn2nAQ1.

_____. Supremo Tribunal Federal. Recurso Extraordinário 330.817. Relator Ministro Dias Toffoli. *DJ* 05.03.1010. Disponível em: https://bityli.com/upt3e.

_____. Supremo Tribunal Federal. Recurso Extraordinário 343.446-2. Relator Ministro Carlos Velloso. *DJ* 28.03.2003. Disponível em: https://cutt.ly/onWdFUb.

_____.Tribunal Regional Federal da 3ª Região. Agravo Legal em Apelação Cível n. 0002235-55.1999.4.03.6110. Sexta Turma. Relatora Desembargadora Federal Regina Helena Costa. *DJE* 05.08.2013. Disponível em: https://cutt.ly/wnWdLOc.

_____. Tribunal Regional Federal da 4ª Região. *Apelação Cível 2004.71.08.010633-8/RS*. Segunda Turma. Relator Desembargador Federal (convocado) Leandro Paulsen. *DJE* 26.04.2007. Disponível em: https://cutt.ly/hnWdC9K.

BECKER, Augusto Alfredo. *Teoria geral do direito tributário*. 3. ed. São Paulo: Lejus, 1998.

_____. *Teoria geral do direito tributário*. 4. ed. São Paulo: Noeses, 2007.

BOBBIO, Norberto. *Teoria do ordenamento jurídico*. Brasília: UnB/Polis, 1991.

CALIENDO, Paulo. *Direito tributário*. Três modos de pensar a Tributação. Elementos para uma teoria sistemática do direito tributário. Porto Alegre: Livraria do Advogado, 2009.

CALSAMIGLIA, A. Eficacia y derecho. *Cuardenos de Filosofia del Derecho*. Disponível em: https://cutt.ly/onWdNAU. Acesso em: 1º set. 2014.

CANOTILHO, José Joaquim Gomes. *Direito constitucional e teoria da Constituição*. Coimbra: Almedina, 2002.

CARNELUTTI, Francesco. *A prova civil*. 2. ed. Campinas: Bookseller, 2002.

CARRAZZA, Roque Antonio. *ICMS*. 15. ed. São Paulo: Malheiros, 2011.

CARVALHO, Cristiano. *Ficções jurídicas no direito tributário*. São Paulo: Noeses, 2008.

CARVALHO, Paulo de Barros. *Curso de direito tributário*. 16. ed. São Paulo: Saraiva, 2004.

___. *Direito tributário:* fundamentos jurídicos da incidência. 2. ed. São Paulo: Saraiva, 1999.

_____. *Direito tributário, linguagem e método.* 5. ed. São Paulo: Noeses, 2013.

CERQUEIRA, Marcelo Fortes de. *Repetição do indébito tributário.* São Paulo: Max Limonad, 2000.

COSTA, Regina Helena. *Praticabilidade e justiça tributária.* São Paulo: Malheiros, 2007.

COVELLO, Sérgio Carlos. *A presunção em matéria civil.* São Paulo: Saraiva, 1983.

CRETTON, Ricardo Aziz. *Os princípios da proporcionalidade e da razoabilidade e sua aplicação no direito tributário.* Rio de Janeiro: Lumen Juris, 2001.

DELLEPIANE, Antonio. *Nova teoria da prova.* Campinas: Minelli, 2004.

DERZI, Misabel de Abreu Machado. *Direito tributário.* Direito penal e tipo. São Paulo: RT, 1988.

_____. *Direito tributário.* Direito penal e tipo. 2. ed. São Paulo: RT, 2007.

FERNANDES, Bruno Rocha César. Praticidade no direito tributário: princípio ou técnica? Uma análise à luz da justiça fiscal. *Revista de Estudos Tributários,* Porto Alegre: IOB, n. 56, jul./ago. 2007.

FERRAGUT, Maria Rita. *Presunções no direito tributário.* São Paulo: Dialética, 2001.

GRECO, Marco Aurélio. *Planejamento fiscal e Interpretação da lei tributária.* São Paulo: Dialética, 1998.

_____. *Substituição tributária* (antecipação do fato gerador). 2. ed. São Paulo: Malheiros, 2001.

GUASTINI, Ricardo. *Teoria e dogmatica delle Fonti*. Milão: Dott. A. Giuffré, 1998.

HARET, Florence. *Teoria e prática das presunções no direito tributário*. São Paulo: Noeses, 2010.

HORVATH, Estevão. *O princípio do não-confisco no direito tributário*. São Paulo: Dialética, 2002.

IVO, Gabriel. *Norma jurídica:* produção e controle. São Paulo: Noeses, 2006.

KELSEN, Hans. *Teoria geral do direito e do Estado*. São Paulo: Martins Fontes, 1990.

_____. *Teoria pura do direito*. 4. ed. São Paulo: Martins Fontes, 1994.

KRELL, Andreas J. A recepção das teorias alemãs sobre conceitos jurídicos indeterminados e o controle da discricionariedade no Brasil. *Revista Interesse Público,* Porto Alegre: Notadez, n. 23, 2004.

LARENZ, KARL, *Metodologia da ciência do direito*. 3. ed. Lisboa: Fundação Calouste Gulbenkian, 1997.

LIMA GONÇALVES, José Arthur. *Isonomia na norma tributária*. São Paulo: Malheiros, 1993.

LIMA NETO, Manoel Cavalcante de. *Direitos fundamentais dos contribuintes:* limitações constitucionais ao poder de tributar. Recife: Nossa Livraria, 2005.

_____. *Substituição tributária*. Curitiba: Juruá, 2000.

MARTINEZ, Ernesto Eseverri. *Presunciones legales e derecho tributário*. Instituto de Estudios Fiscales. Madri: Marcial Pons, 1995.

MELLO, Marcos Bernardes de. *Teoria do fato jurídico:* plano da existência. 7. ed. São Paulo: Saraiva, 1995.

_____. *Teoria do fato jurídico:* plano da existência. 20. ed. São Paulo: Saraiva, 2014.

MELO, José Eduardo Soares. *ICMS teoria e prática*. São Paulo: Dialética, 1995.

_____; PAULSEN, Leandro. *Impostos federais, estaduais e municipais*. Porto Alegre: Livraria do Advogado, 2012.

MENDES, Gilmar Ferreira. Teoria da legislação e controle de constitucionalidade: algumas notas. *Revista Jurídica Virtual*, ano 01, v. 01, maio 1999. Disponível em: https://cutt.ly/FnWd0fB. Acesso em: 1º mar. 2015.

MONTESQUIEU, Charles Louis de Secondant, baron de La Brède et de. Trad. Fernando Henrique Cardoso. *O espírito das leis*. Brasília: Universidade de Brasília, 1982.

MORO, Sérgio Fernando. Por uma revisão da teoria da aplicabilidade das normas constitucionais. *Revista de Direito Constitucional e Internacional*, São Paulo, ano 9, n. 37, out.-dez. 2001.

MOUSSALLEM, Tárek Moysés. *Fontes do direito tributário*. São Paulo: Max Limonad, 2001.

NABAIS, José Casalta. *O dever fundamental de pagar tributos*. Coimbra: Livraria Almedina, 2004.

OLIVEIRA, Ricardo Mariz de. Presunções no direito tributário. In: MARTINS, Ives Gandra da Silva (Coord.). *Presunções no direito tributário*. São Paulo: Resenha Tributária, 1984.

PACHECO, Ângela Maria da Motta. *Ficções tributárias:* identificação e controle. São Paulo: Noeses, 2008.

PAOLA, Leonardo Sperb de. *Presunções e ficções no direito tributário*. Belo Horizonte: Del Rey, 1997.

PONTES DE MIRANDA, Francisco Cavalcante. *Tratado de direito privado*. 4. ed. Rio de Janeiro: RT, 1972. t. 1.

_____.*Tratado de direito privado*. Campinas: Bookseller, 2000. t. II.

_____. *Tratado de direito privado*. 4. ed. São Paulo: RT, 1983. t. III.

PORTO, Éderson Garin. *Estado de direito e direito tributário*. Norma limitadora ao poder de tributar. Porto Alegre: Livraria do Advogado, 2009.

REALE, Miguel. *Lições preliminares de direito*. 22. ed. São Paulo: Saraiva, 1995.

RIBEIRO, Ricardo Lodi. *Limitações constitucionais ao poder de tributar*. Rio de Janeiro: Lumen Juris, 2010.

ROCHA, Eduardo Morais da. A praticidade como sinônimo de desconfiança e as margens de lucro fixas nos preços de transferência. *Revista da Seção Judiciária do Rio de Janeiro*, Rio de Janeiro, v. 19. n. 33, p. 69-87, abr. 2012. Disponível em: https://cutt.ly/PnWRjDV.

SANTI, Eurico Marcos Diniz de. *Kafka:* alienação e deformidades da legalidade, exercício do controle social ruma à cidadania fiscal. São Paulo: RT, 2014.

_____. *Lançamento tributário*. 2. ed. 2. tiragem. São Paulo: Max Limonad, 2001.

SANTOS, Moacyr Amaral dos. *Prova judiciária no cível e comércio*. São Paulo: Max Limonad, 1942.

SARLET, Ingo Wolfgang. *A eficácia dos direitos fundamentais*. 6. ed. rev., atual. e ampl. Porto Alegre: Livraria do Advogado, 2006.

SCHOUERI, Luís Eduardo. *Direito tributário*. São Paulo: Saraiva, 2012.

SURGIK, Aloisio. Presunção absoluta e relativa (teoria da prova) In: FRANÇA, Rubens Limongi (Coord.). *Enciclopédia Saraiva de direito*. São Paulo: Saraiva, 1977. v. 60, p. 286-402.

TORRES, Ricardo Lobo. *Liberdade, segurança e justiça no direito tributário*. Justiça Tributária. Congresso Internacional de Direito Tributário – IBET, 1. São Paulo: Max Limonad, 1998.

_____. *Tratado de direito constitucional financeiro e tributário*. v. III: *Os direitos humanos e a tributação:* imunidades e isonomia. 3. ed. Rio de Janeiro: Renovar, 2005.

VILANOVA, Lourival. *Causalidade e relação no direito*. 4. ed. São Paulo: RT, 2000.

XAVIER, Alberto. *Tipicidade da tributação, simulação e norma antielisiva*. São Paulo: Dialética, 2002.

Impressão e Acabamento | Gráfica Viena
www.graficaviena.com.br
Santa Cruz do Rio Pardo - SP, ano 2021